Kenkyu Sosho No.619

中国の都市化

拡張,不安定と管理メカニズム

天児 慧・任 哲：編

IDE-JETRO アジア経済研究所

研究双書 No. 619

天児 慧・任 哲 編『中国の都市化――拡張,不安定と管理メカニズム――』

Chūgoku no Toshi-ka: Kakuchō, Fuantei to Kanri Mekanizumu
(Urbanization in China: Expansion, Conflict and Management)

Edited by
Satoshi AMAKO and Zhe REN

Contents

Introduction: Urbanization in China: Expansion, Conflict and Management
(Satoshi AMAKO and Zhe REN)

Chapter 1: Explaining the Rise of Urban Heritage Preservation Movement: A Political Opportunity Structure Perspective (Yuan YAO)

Chapter 2: Politics of Urbanization: Comparative Studies of Protest (Zhe REN)

Chapter 3: Petitioning to Higher Level: An Analytical Framework (Kaibin ZHONG)

Chapter 4: Urbanization and Taxi Industry: Expansion, Strain and Governance (Maosong WU)

Chapter 5: Development of the Physical Distribution under Urbanization (Yasuo ONISHI)

Chapter 6: Urbanization, Risk, Military: Diversification of PLA Missions in the Risk Society (Jaehwan LIM)

〔Kenkyu Sosho (IDE Research Series) No. 619〕
Published by the Institute of Developing Economies, JETRO, 2014
3-2-2, Wakaba, Mihama-ku, Chiba-shi, Chiba 261-8545, Japan

まえがき

　本書は，アジア経済研究所で2012年度から2年にわたり実施した研究会「中国の都市化：拡張，不安定と管理メカニズム」（代表：天児慧，幹事：任哲）の成果である。この研究会の成果は，『アジ研ワールドトレンド』（2014年10月号）の特集「中国の都市化を考える」にもとりあげられている。そちらも併せて読んで頂ければ幸甚である。
　都市化は都市部への人口移動を意味し，それは異なる利害が衝突する過程でもある。急速に進む都市化過程では，通常よりも多様な利害の衝突がより激しく現れ，解決策を見出すのもいっそう難しい。衝突の現れ方，衝突に対処する方法は，その都市および国の政治制度や社会構造などによって異なる。その一方で，衝突が解決されるプロセスは，その都市および国の政治のあり方に大きな影響を与える。
　中国の都市化過程で発生する利害の衝突を考察した先行研究の多くは，なぜ衝突がおきたのかをおもに分析し，一方で，衝突と紛争がどのように解決されるかという側面についてはあまり議論されていない。編者は，衝突が発生する原因およびその解決プロセスを考察することで，現代中国の政治のあり方をとらえることができるのではないかと考え，本書では，利害衝突の原因を解明した上で，衝突がどのように解決されるか（あるいは，解決できないのか）にウェイトをおきながら議論を展開した。この試みが成功しているのかどうかについては読者の判断に委ねたい。
　研究会では，外部講師を招いて議論を重ねてきた。講師の依頼を快諾し，刺激的な報告をいただいた厳善平教授（同志社大学），王名教授（清華大学），張文魁研究員（国務院発展研究センター），葉裕民教授（中国人民大学）の各先生方にお礼を申し上げたい。中国では，陳剰勇教授と張丙宣准教授（いずれ

も浙江工商大学），汪錦軍准教授（浙江党校）の各先生方の協力のもと，本研究会の延長上で浙江省の都市化とガバナンスをテーマとした討論会（2012年，杭州）を開催することができた。研究成果をまとめる段階では，2013年度アジア政経学会西日本大会で分科会を設け，メンバーが研究報告を行った。三宅康之教授（関西学院大学）は討論者として登壇され，報告者に的確なコメントとアドバイスをくださった。渡邉真理子教授（学習院大学），大塚健司（新領域研究センター主任研究員），相沢伸広准教授（九州大学）の各氏には，オブザーバーとして研究会に参加していただき，有益なコメントや示唆をいただくことができた。合わせてお礼を申し上げたい。

　本書の草稿段階では所内外の査読者3名から多くの有益なコメントをいただいた。執筆者の多くが日本語を母語としていないことから，言葉の問題が深刻で，原稿のとりまとめには通常より長い時間を要した。つたない日本語の文章に，研究内容から日本語の表現まで丁寧なアドバイスを与えてくださった査読者には，この場を借りてお礼を申し上げたい。また，翻訳，編集作業に協力してくれた御手洗大輔（千葉商科大学非常勤講師），鄭黄燕（東京大学大学院），宮田れい，関大徳（ともに早稲田大学大学院）の各氏に，感謝の意を表したい。

　最後に，本書の企画，実施，出版にあたって研究所の諸先輩方からさまざまな支援，助言をいただいた。重冨真一（地域研究センター長），佐藤ゆり（地域研究センター上席主任調査研究員），北野浩一（新領域研究センター主任調査研究員），川上桃子（地域研究センター・東アジア研究グループ長）のみなさんには，研究会幹事の仕事を十二分に理解してもらい，最大限にサポートしていただいた。とくに川上桃子氏が，翻訳原稿の日本語を徹底的に修正してくださり，出版に向けて大きく前進することができた。また，原稿の編集過程では出版企画編集課の皆様にも大変お世話になった。ここに感謝の意を表したい。

2015年1月

編　者（任哲）

目　　次

まえがき

序　章　中国の都市化――拡張，不安定と管理メカニズム――
　　　　　………………………………………………天児　慧・任　哲……3
　はじめに …………………………………………………………………… 3
　第1節　中国の都市化をどう理解するか ……………………………… 5
　第2節　都市の拡張，不安定と管理メカニズム ……………………… 11
　第3節　今後の課題 ……………………………………………………… 18

第1章　歴史的町並み保存運動の台頭――政治的機会構造の
　　　　視点から―― ……………………………………姚　　遠…… 23
　はじめに …………………………………………………………………… 23
　第1節　都市化，脱物質主義と保存運動 ……………………………… 27
　第2節　政治理念と保存運動の正当性 ………………………………… 32
　第3節　制度設計と保存運動の政策経路 ……………………………… 36
　第4節　権力構造と保存運動の展開 …………………………………… 38
　おわりに …………………………………………………………………… 41

第2章　都市化と利害調整――基層レベルにおける政策過程に
　　　　関する考察―― ……………………………………任　　哲…… 45
　はじめに …………………………………………………………………… 45
　第1節　政策過程における課題の設定 ………………………………… 48
　第2節　事例研究 ………………………………………………………… 51

第3節　政策過程の変遷 ……………………………………… 60
　おわりに ……………………………………………………… 64

第3章　中国の都市化プロセスにおける飛び級陳情
　……………………………………………… 鐘　　開斌…… 69
　はじめに ……………………………………………………… 69
　第1節　飛び級陳情とは ……………………………………… 71
　第2節　都市化と飛び級陳情 ………………………………… 72
　第3節　民衆の飛び級陳情の運用メカニズム
　　　　　――ひとつの分析枠組み―― ……………………… 78
　おわりに ……………………………………………………… 84

第4章　中国のタクシー業界にみる都市化――拡張，緊張，
　　　　　管理メカニズム―― ……………………… 呉　茂松…… 89
　はじめに ……………………………………………………… 89
　第1節　タクシー産業の概況，政府管理，問題点 ………… 92
　第2節　維権行為の構造 ……………………………………… 101
　第3節　政治への影響 ………………………………………… 112
　おわりに ……………………………………………………… 116

第5章　都市化の中の物流業 ……………………… 大西康雄…… 121
　はじめに ……………………………………………………… 121
　第1節　都市化と物流業の変容 ……………………………… 123
　第2節　物流業界団体の再編と機能変化 …………………… 131
　第3節　物流業の発展と都市政府 …………………………… 135
　第4節　物流分野の行革と中央・地方関係 ………………… 142
　おわりに ……………………………………………………… 148

第6章　都市，リスク，軍隊——リスク社会における中国人民
　　　　解放軍の役割拡大—— ……………………… 林　載桓…… 153
　はじめに …………………………………………………………… 153
　第1節　冷戦後の軍隊と社会——概観—— …………………… 155
　第2節　冷戦後の中国の軍隊と社会——社会からの離脱？—— ……… 157
　第3節　社会のリスク増大と人民解放軍
　　　　　——役割多様化と社会への再関与—— ………………… 160
　おわりに …………………………………………………………… 167

索　引 ………………………………………………………………… 171

中国の都市化

序章

中国の都市化
——拡張，不安定と管理メカニズム——

天児　慧・任　哲

はじめに

　都市化は都市部への人口移動を意味するもので，異なる利害が衝突する過程である。政府が提供する公共サービスをより多く獲得するために，あるいは，自己利益を実現するために，都市の住民は積極的に政治に参加する。急速に進む都市化過程では多様な利害のぶつかりがより激しく，解決策を見出すのもいっそう難しい。したがって，都市化に伴う利害の衝突がいかに解決されるかは，その都市または国の政治のあり方に大きく影響するのである。本書は，急速に進む中国の都市化過程で，異なる利害がどのように衝突し，問題がいかに解決されるのかを政治学と社会学のアプローチで考察したものである。

　都市化の概念は専門用語というよりは一般用語になっているので，論者によってその定義も異なる。バージェルは「都市化とは都市現象の過程であり，動的（dynamic）な関係を意味」するという（Bergel 1955；磯村 1959, 206）。都市化を動態的にとらえることは，都市についての定義とも相通じており，都市政治理論では都市を「形態（form）であると同時に過程（process）でもある」と理解される（Davies and Imbroscio 2009, 3）。本書でも，都市の人口規模および面積が拡大する過程と，都市の社会構造，都市ガバナンスといった

都市の形態に注目して議論を展開する。

　改革開放以後の中国の都市化に関する研究実績は非常に多い。とくに都市計画・経済学・人口学のアプローチから都市化戦略と政策志向にウェイトをおいた研究が多い（顧ほか 2008，加藤 2012，World Bank and Development Research Center 2014，Wu 2002）。歴史学のアプローチで20世紀の中国の都市化を分析したフリードマンは，中国の都市化は単に西側に「追いつく」ことを目的とするのではなく，「内発的な力」によって推進されたと強調する（Friedman 2005）。この内発的な力に注目し，政治学者と社会学者も都市化を注目し始めており，関連する研究成果が多数出版された。ひとつは中国の都市化が抱える独自の課題と経済発展の関係を分析した研究である（傅・洪 2008；劉 2009；左 2010；Yusuf and Saich 2008）。都市化過程で直面する課題をいかに解決し，経済発展につなげるかがこれらの研究の特徴である。もうひとつは都市化による具体的な社会問題，たとえば，農民工の問題（王 2009；楊 2008；楊 2010；余 2009；Murphy 2002），土地譲渡過程の利益補償問題（任 2012；周 2012；Song and Ding 2007；Ho 2005），都市のコミュニティに関する研究（李 2007；李ほか 2007；孫・雷 2007；楊卡 2010；Tomba 2009；Xu 2008）などが挙げられる。また，都市のコミュニティ研究と関連してコミュニティ内の社会組織（social organization）に関する研究（潘 2007；朱 2010）も増加傾向を見せている。

　都市化過程で起きた問題と現象を分析したこれらの研究は，異なる利害がどのように衝突するかを理解するには有益で，参考にできる点も多い。しかし，衝突と紛争がどのように解決されるかという側面についてはあまり議論していない。そこで，本書では，現在の制度設計のなかで，紛争がどのように解決されるか（あるいは，解決できないのか）にウェイトをおきながら議論を展開する。中国の都市化を理解するには，政治，経済，文化，社会，宗教，ジェンダーなどインターディシプリンの共同研究を通じて都市システムを分析する必要性がある。本書はその第１歩として，政治学と社会学のアプローチから変化する都市システムを考察するものであり，今後の都市研究の土台

作りと位置付けたい。

　序章の構成は次のとおりになる。第1節では，中国政府が都市化に注目する理由を紹介し，本書の問題意識について述べる。第2節では，地方政府が都市化を主導するようになった制度的な原因を分析した上で，急速な都市化による社会問題を紹介し，各章の議論を導き出す。第3節では，各章の議論に共通する残された課題について簡単に述べる。

第1節　中国の都市化をどう理解するか

　中国が抱える都市化の課題は他の国と共通するものもあれば，中国独自のものもある。そして，都市化が進行したのは90年代の話であるにもかかわらず，近年になって都市化に注目することには不可解な点も多い。なぜ，今になって中国政府は都市化に注目するのか。都市化過程で中国が抱える特有の課題は何か。どの程度の規模の都市を分析することがより代表性があるのか。この節ではこれらの質問に答える形で，本書の問題意識を述べる。

1．中国に存在するふたつの都市化率

　中国の都市化を考える際，2011年は大きな意義をもつ年である。その理由は公式統計上（表序-1参照），中国の都市人口が農村人口を上回り，都市化率がはじめて50％（高い都市化率）を超えたからである[1]。李克強総理を初めとする政府役人は次の経済発展の原動力として都市化に注目している。なぜ今になって都市化に重視するのかを説明するためには，中国における都市化の文脈について簡単に整理する必要がある。

　中国政府が理解する都市化は「工業化」，「都市化」（中国語では城鎮化），「農業近代化」といった国家の近代化の一環であり，都市と農村の二元構造を改善する方法のひとつでもある。改革開放以後の中国では工業化が先行し，

表 序-1 人口規模

(万人)

年度	総人口	都市人口／比率	農村人口／比率
1949	54,167	5,765／10.64%	48,402／89.36%
1978	96,259	17,245／17.92%	79,014／82.08%
1988	111,026	28,661／25.81%	82,365／74.19%
1998	124,761	41,608／33.35%	83,153／66.65%
2008	132,802	62,403／46.99%	70,399／53.01%
2011	134,735	69,079／51.27%	65,656／48.73%

(出所)『中国統計年鑑』各年度。

経済をけん引してきた。それに比べ都市化が進むようになったのは90年代半ば以後である。2011年の段階で都市化率は50％を越えたが、これは都市部で3カ月以上居住した常住人口の数字である。しかし、都市戸籍をもつ人口で都市化率を計算すると35％程度にとどまる。都市化を今後の経済発展の原動力として位置付ける背景はこの低い都市化率である。

　その理由を簡単に説明しよう。中国はすでに1人当たりGDPが5000ドルを超えて中進国の仲間入りをしている。それにもかかわらず、35％という低い都市化率は中進国の平均水準（60％）および世界の平均水準（52％）より低い。過去20年間、中国の都市化率は毎年平均1.2％増加してきた。このペースで計算すると、中国の都市化率が中進国の平均水準に達するまであと20年は必要となる。つまり、中国の都市化にはまだ大きな発展余地があるという認識である。

　しかし、発展の余地はあってもそう簡単にはいかない。農村戸籍を都市戸籍に変えることは、単に名目を変えるのではなく、都市戸籍に連動する各種の社会サービスを提供することを意味するので、大きなコストがかかる。また、都市戸籍の人口が増加することはガバナンスにもさまざまな問題をもたらす。これらの問題は中国特有の行政管理システムに由来するものもあれば、政治制度に起因するものもあることから、都市化に影響する制度の問題を考察する必要がある。

2. 都市化と制度の緊張関係

それでは，どのような制度が都市化を制限（あるいは推進）する要因となり得るのか。そして，都市化の進展は現行の制度設計にどのような影響を与えるのか。本書の問題意識は現代中国が直面している3つの緊張関係から発展したのである。

ひとつ目は，都市化と戸籍制度の緊張関係である。都市化は人の移動から始まるが，中国では移動の自由を制限した時期が長く存在した。都市の戸籍を有する者には社会福祉制度が適用される一方，農村では福祉制度がほとんど存在しなかった。近年になって，移動の制限は解除されたものの，戸籍制度は廃止されていない。都市が提供する公共サービスと社会福祉は依然として都市戸籍を有する者を優遇しており，彼らの既得権益となっている。農村から都市へ移動したものの，都市戸籍をもたない人々は平等な公共サービスと福祉制度を要求するようになり，戸籍をもつ者ともたない者の緊張関係が高まっている。このように，戸籍制度をめぐる攻防は異なる利害が衝突するもっとも典型的な事例である。

もちろん，農村戸籍の価値が都市戸籍より高い場合もある。農村の集団経済が発展している地域では，農民が集団経済の恩恵を受け，都市住民より豊かな生活を送ることもある。このような地域では，都市戸籍を放棄して農民になることを希望する人々が続出するが，農民から強く反対される。したがって，中国の都市化は単なる人口移動の話ではなく，既得権益の再分配にかかわる政治問題である。

ふたつ目は，都市化と土地所有制度の緊張関係である。現行の「土地管理法」には土地の所有形態を，国家所有制と集団所有制と定義している。簡単にいえば，都市部の土地は国家所有で，都市周辺地域および農村地域の土地は集団所有の土地である。個人あるいは企業が所有しているのは土地の使用権のみとなっている。土地の用途は決められており，それ以外の用途で使わ

れる場合はすべて政府の許可が必要である。このような使用権と所有権の分離は，土地問題において政府の圧倒的に強い立場を保証するものである。政府が土地資本を独占したがゆえに，中国の急速な経済発展と都市化は実現可能であったと理解できよう。一方で，政府が主導する都市化は，立ち退き問題，農地収用に伴う補償問題，環境汚染など多くのトラブルをもたらす原因ともなっている（任 2012, 88）。

　土地所有制度は戸籍制度とも連動している。農村戸籍から都市戸籍に変わることは，土地の所有制も集団所有から国家所有へと変化することを意味する。国家所有の土地をいかに使うかという裁量は政府にあり，土地を譲渡する過程で巨額の収益が見込める。そのことから，多くの地方政府は都市戸籍を与えることを条件に集団所有の土地を収用し国家所有の土地にした。

　都市化の進展とともに，農民から都市の市民に身分を変えた人は増え続ける一方で，都市における出稼ぎ労働者の問題は解決されないままである。その理由は戸籍と連動する土地にある。出稼ぎ労働者は農村に土地をもっているので，彼らに都市住民と対等な社会サービスを与えることは，都市と農村の「二重の恩恵」を受けることになる。この過程で，政府が利益を得ることは少ないため，問題を解決するインセンティブもないのであろう。

　3つ目は，多発する紛争と限られた紛争解決のメカニズムの緊張関係である。中国社会の利益の多様化が進む一方で，制度的に保障された権利を主張する場は限られている。裁判所は紛争を解決する際に重要な役割を果たすが，現代中国では十分に機能していない。とくに，政府と市民の利害紛争に関していえば，その役割は非常に限定的なものとなっている。政府が主導権を握って都市化を推進するために，政府自身の中立性も疑われる。このような状況のもとで，多発する紛争（社会内部の紛争，政府と市民の紛争など）を解決するためには，新たなメカニズムを構築することが必要とされる。

　もちろん，法律に基づいた紛争解決のメカニズムを構築するだけでは不十分である。中央レベルで政策を打ち出しても地方レベルで忠実に実行しないことは，中国の政治体制が抱える固有の難題でもある。これは，中央・地方

間の権限配分の問題だけではなく，法による支配をどこまで徹底できるかの問題でもある。

　3つの緊張関係は中国の制度（政治制度・社会制度）設計が社会の変化に対して大幅に遅れていることを意味し，都市化の進展はこの緊張関係をより高めている。中国の都市化過程でどのような紛争があるのか。紛争はどのような形で現れるのか。そして，紛争はどのように解決されるのか。この過程で，国家と社会の関係はどのように変化したのか。本書ではこのような問題意識を共有しながら，都市化と密接に関係する問題と現象を分析した。また，現代中国が直面する問題点を取り上げているが，分析方法と結論は他の地域研究（とくに権威主義体制国家の研究）に通じるところが多く，中国研究だけではなく，地域研究および都市化研究にも貢献できる。

3．特大都市を注目する意義

　それでは，利害紛争の問題を分析する際，どの程度の規模の都市を分析することがより代表性があるのか。これまでの中国の都市の変化をみると，都市部の人口は特大都市（非農業人口が100万人を超える都市を指す）に集中しており，中小規模の都市の人口は横ばいか縮小傾向にある（表序-2参照）。

　かつて中国は大都市の規模拡大を厳しく制限してきた。「城市規劃法」（1989年～2007年）には「大都市の規模拡大を制限し，中小都市の発展を促進する」と明記している。1980年代の沿海地域では郷鎮企業が飛躍的に発展し，その多くは小城鎮に集中していた。地元の農業人口を吸収できるだけではなく，大都市への人口流入を防ぐことができることから，中小都市の発展は大きく期待された。しかし，1990年代に入ると，郷鎮企業の発展が鈍くなり，郷鎮企業が吸収できる農村労働力も限界がみえてきた。多くの出稼ぎ労働者は就職機会の多い沿海大都市へ移動するようになり，大都市の規模を制限するという文言も実質的な意味がなくなった[2]。2008年に公布された「城郷規劃法」からは「大都市の規模拡大を制限する」という記述が消えた。

表 序-2 都市規模の変化

都市類型	1980		1990		2000		2009	
	数	都市人口比例(%)	数	都市人口比例(%)	数	都市人口比例(%)	数	都市人口比例(%)
特大都市	15	38.7	31	41.7	40	38.1	60	47.7
大都市	30	24.6	28	12.6	54	15.1	91	18.8
中規模	69	23.1	119	24.6	217	28.4	238	22.8
小規模	109	13.6	289	21.1	352	18.4	265	10.7
合計	223	100	467	100	663	100	654	100

（出所）姚士謀ほか『中国城鎮化及其資源環境基礎』北京 2010 科学出版社。
（注）非農業人口が，100万以上は特大都市，50～100万は大都市，20-50万は中規模都市，20万以下は小規模都市とする。

　中国がどのような都市化戦略をとるべきかの議論は今も続いているが，現在の趨勢で行くと，いずれは特大都市を中心とした都市群（メガロポリス）が形成され，都市人口の大半を吸収することになるだろう[3]。そして，急速に進む都市化がもたらす諸問題は特大都市に集中して現れるようになり，特大都市は現代中国を理解するひとつの縮図となりつつある。

　経済発展水準と規模の違いにより都市が抱えている問題点も異なるが，特大都市だけに限定してみると，政治機能と経済機能が集中しており，3つの緊張関係が顕著に現れる。そして，特大都市では利益の多様化が進んでおり，ひとつの事件をめぐってさまざまなステークホルダーが連動している。また，人々の価値観も多様で自分の権利を強く主張する傾向があるので，利害の衝突を考察しやすい。さらに，特大都市での出来事は常に社会から注目されることから，権利を主張する行為に対する政府の対応もより柔軟で，権力の変化もとらえやすい。

第 2 節　都市の拡張，不安定と管理メカニズム

　先に人口が都市部に集中してから都市の面積が少しずつ拡大する通常の都市化と異なり，中国の都市化は人口規模の変化と必ずしも連動しない。時には強力な政治の力により先に都市を作ってからそこへ人を移動させることもある。中国の都市化の最大の特徴といえば，地方政府による政治主導の都市化である。ゆえに他の国の都市化ではあまりみられない問題も多く抱えている。

　本節では，まず，マクロの視点から地方政府が積極的に都市化を推進する制度的な原因と問題点を明らかにし，第 1 章と第 2 章の議論につなげる。つぎに，都市部の社会構造の変化によるガバナンスの課題を述べ，第 4 章，第 5 章の議論に展開する。最後に，紛争を解決する過程でみられた制度設計の問題を議論し，第 3 章と第 6 章の議論に結び付ける。

1．急速に拡張する都市

　2000年から2010年までの統計をみると，全国都市面積は64.45％も増えたのに対し，都市人口（常住人口）は45.9％しか増えていない。つまり，都市が周辺地域へ広がっただけで，人口はそれほど増えていないと理解できる。なぜ都市の面積の拡大は人口増加より速いスピードで進むことができるのか。その最大の理由は土地の所有権にある。前節でも述べたように，現行の「土地管理法」は土地問題において政府の圧倒的に強い立場を保証するものであり，国家による「土地資本独占」は中国の急速な経済発展と都市化を支える一方で，立ち退き問題，農地収用に伴う補償問題，環境汚染など多くのトラブルをもたらす原因ともなっている。

　90年代以後，地方政府が企業を誘致して地元の経済を発展させようと安い値段で土地を企業に提供することは全国各地でみられる普遍的な現象であっ

た。都市周辺地域には企業誘致の為に新たな工業用地が次々と区画され，都市部に組み込まれていった。都市化が進み不動産価格が上昇すると，不動産開発を目的とした新たな都市拡張が始まった。不動産開発を目的とする都市拡張に関する報道は多くみられるのでここでは省略する。都市拡張によって経済活動が活発になると地元の経済成長につながるので地方政府は積極的に都市化を推進してきた。国有銀行，国有不動産開発企業，国有投資会社および民間デベロッパーは政府が推進する都市化に積極的に協力することで多くの経済的利益を得ることができたのである。地方レベルにおける政治エリートと経済エリートが互いに良好な協力関係を構築し，経済発展をめざしている現象は，まさにモロッチがいう「成長連盟」(growth coalition) であり，地方政府はひとつの「成長マシン」として理解できよう（Molotch 1976)。成長マシン論は中国研究にも広がり，90年代より中国の地方政府を「自己利益の最大化をめざす企業」(Walder 1995) と理解するようになり，今はもはや普遍的な共通認識となっている。

　都市化が急速に進んだゆえに，都市計画の混乱が多くの地域で生じ多くの社会問題を引き起こしている。地域住民の賛同を得ないまま都市計画だけが先行することもあれば，計画もない状況で土地を先に収用することもあるし，開発計画が実施段階で大きく変化することもある。第1章は，急速に進む都市化過程で大きく破壊された文化財と歴史的町並みを保存することを目的とする社会運動を分析した。運動を組織する中心人物が既存の政治的機会構造を熟知し，国家の政治理念と運動の正統性を結びつけたことにより，歴史的町並み保存運動は一定の成功を収めたと筆者は指摘する。

　脱工業化が進む先進国の都市の状況に比べると，経済発展志向が強い中国の都市では脱工業化がさほど進んでいない。北京，上海，広州のような第1線の都市を除けば，多くの都市では依然として多くの工業区を抱えながら都市化を進めており，さまざまな問題を抱えている。2007年に厦門で発生した化学工場建設の反対運動がその一例である。住宅地に隣接する地域で化学工場を建設することに対する住民の不安が事件の直接な原因であるが，その背

後には厦門市の都市計画の混乱がある。本来は工業区として区画された地域に住宅建設を進めた結果，生活環境を重視する住民の意見と企業誘致をめざす工業区の利害が衝突したのである。第２章では都市計画の混乱によって発生した厦門のPX（p-キシレン）工場建設反対運動，重慶の釘子戸（ding zi hu）事件（地域住民の賛同得ないまま都市計画が先行した事例），広東省の烏坎（wu kan）事件（農村都市化過程における利害調整の問題）を比較しながら，政府，ビジネス界，住民といった三者間の利害交渉がいかに行われたかを分析した。政策過程における専門家と政策ブレーンの主張は制度的には保障されたものの，政策過程で優先度の高いアジェンダにはならないことから，住民は集団抗議行動を起こすことで政府に圧力をかける傾向があると筆者は指摘する。

　各章の議論では利害紛争事件を個別現象と理解するのではなく，政治的・経済的な構造問題が原因であると理解している。そして，この構造的な問題に起因する利害紛争は都市社会をより不安定なものにしているととらえている。

2．都市の不安定と社会構造

　国家権力から遠い存在で，コミュニティの自己管理機能が働いている農村社会と異なり，都市はコミュニティの機能が弱く，さまざまな社会問題がおこりやすい構造である。都市の特徴について神野は次のように述べる。

「都市には自発的共同性が乏しく，コミュニティ機能は弱い。都市政治が公共サービスの提供によって，都市市民の生活が営まれている都市社会を支えなければ，都市社会に亀裂が走り，社会的病理現象が噴出することになる。都市には自発的共同性が乏しいということは，都市社会の特色が匿名性と非人格性にあることを意味する。確かに，都市社会には自由が満ちている。農村のように共同体的人間関係による重苦しさはない。しかし，その反面で

社会的安定性を欠くことになる。」(神野 2005, 19)。

　中国の場合，このような都市社会の不安定を克服するためつくられたのが計画経済時代の単位組織である。わかりやすく説明すると，職場および隣接する従業員住宅地を壁で囲んだひとつのユニットが単位であり，都市空間は大小さまざまな単位によって構成される。また，単位の重要性は中小の都市より行政機能と産業が集中している特大都市でより顕著に現れる。「国家—単位—個人」という特殊な縦型管理システムのもとで，単位は政府が社会を管理するもっとも重要な手段であった。単位組織は党組織，行政組織，生産組織と社会管理組織の複合体であり，国家の社会福祉もすべて単位を通じて行われる。このような閉鎖的な組織であるために単位組織は知合い社会であり，強い共同体認識が共有されていた（田・呂 2009）。

　しかし，都市社会を構成する基本ユニットであった単位は改革開放とともに変化し，都市の構造も大きく変わった。その背景にあるのが住宅制度改革と都市再開発である。新しく建てられた住宅には単位組織と関係なく，さまざまな背景をもつ人が住むようになり，複雑な属性をもつ社会空間が形成される。都市再開発は単位社会の解体をさらに加速させた。閉鎖的な知人社会で強い共同体意識を共有していた単位組織は徐々に消え，都市社会は再び匿名性と個人主義に満ちた不安定な構造へと変化しつつある。

　政治組織・行政組織でもあった単位組織が消えると，都市には大きな権力空間の空白が現れた。そして，かつて単位を通じて行った住民への社会サービスをいかに提供するかが大きな問題となった。また，区域内に住む人に関する必要最低限の情報を把握するだけではなく，原子化した住民同士の連携を強化する必要性から，コミュニティと社会組織が注目されるようになった。都市化に関する先行研究の多くは社区研究（田・呂 2009；李・李 2010；管 2010）であることから，ここでは社会組織について簡単に触れたい。

　社会組織は大きくふたつのカテゴリーに分けることができる。ひとつは政府が主導権を握って設立したもので，文化芸術，科学技術，産業業界などが

上げられる。一部は，政府の行政改革によって，かつての政府部門から変化したものもある。これらの組織は政府と密接な関係をもちながら，時には社会からの意見を政府に反映し政府の政策過程に影響を与えることもある。もうひとつは，改革開放以後の経済発展・都市化とともに社会の力によって新たに設立された組織である。前者と比べると，政府と一定の距離をもっており，自立性があるがゆえに市民による政治参加のツールとして注目されている。社会組織として政府に登録するにはいろいろな制限があるため，民政部門に登録していないまま活動している草の根組織も多い（黄 2014）。

　社区の存在意義が政府による公共サービスの提供にあるとすれば，社会組織の存在は権利主張および政治参加の側面が強い。第4章では，都市化の進展とともに規模が大きくなったタクシー業界を取り上げ，利害紛争の原因とタクシー運転手による権利主張行動を分析した。筆者によると，利害紛争の原因は政府による不当な規制と独占的な産業構造に由来するものである。タクシー運転手はさまざまな方法で権利を主張するが，公式なチャンネルが乏しいことから，その声は政策決定者に届かない。そこで，運転手らは集団の力で行動するようになり，社会運動の特徴がみられると筆者はいう。集団の力で政府に働きかける行動は，第2章で取り上げた化学工場反対運動と通じるものがある。第4章と対照的なのが第5章である。この章では，政府が主導権を握って設立した物流協会を取り上げ，政府と協会の関係を分析した。物流企業が高度なサービスを提供するために業界団体を通じて行政に働きかける一方，行政側も業界団体を通じて企業の要求と市場の動向を把握するという良好な関係が構築されたと筆者は主張する。それぞれの社会組織が，どのように社会資源を動員するのか。異なる社会組織に対する政府の対応にはどのような違いがあるのか。これらの問題は，今後の研究でさらに議論を深める必要がある。

　経済発展・都市化とともに成長した社会組織の存在をどのように認識するべきか。組織の存在は社会のルール作りに役に立ち，都市の不安定を部分的に解消することに貢献できたのか。それとも，組織の存在は，市民の権利主

張と政治参加を助長し，都市をさらに不安定なものにしたのか。これらの答えを探るにはより多くの比較研究が必要とされる。

3．都市の管理メカニズムと地方政府の政治環境

　中国の政府にとって最も重要な政治目標は域内の社会安定を保つことである。経済発展については GDP 成長率ではかりうるが，社会安定をはかる明確な尺度は存在しない。どのような状態が安定だといえるのか，いかに管理すると安定を保てるのかについては，定まった基準が存在しない。しかし，最大公約数的な基準は存在しており，それは域内における「法輪功」，「計画生育（ひとりっ子政策）」，「上訪（陳情）」問題である。役人は任期中にこれらの問題を最優先課題として取り組まなければならない（任 2013, 56）。近年，中国国内では「法輪功」関連の動きがあまり表に出なくなり，ひとりっ子政策も見直された。その代りに重要度を増しているのが陳情問題を初めとする集団騒動事件であり，社会の安定を脅かす重要な問題だと認識されるようになった。

　都市政治は常に権力およびそこから生まれる利権と公共サービスをいかに配分するかといった話が中心であり，人々が積極的に政治に参加する理由もより多くの公共サービスを求めるためである（Deutsch 1961, 499）。地方政府の指導者の権威が選挙に由来する場合，指導者は選挙に勝つための公共政策を打ち出す傾向があることは良く理解できる。しかし，中国の場合，地方政府の権限は上級政府から付与されたようなものであるために，公共政策の策定はまず上級政府の顔色を窺わなければならない。だからといって社会からの需要をまったく無視するわけでもない。社会の安定を保つための公共政策を実施すると同時に，上級政府に評価されるための優先目標（とりわけ経済発展）を実現するのが地方政府の基本ロジックである。

　急速に進む都市化はさまざまな不安定要素を生み出し，地方政府の公共政策はこれらの不安定要素を解消できていないのが中国の現状である。都市化

を急速に進めているのは地方政府であるが，都市化推進策に関する事前の利害調整作業と事後の経過説明が不十分である。それゆえに，多くの紛争事例が発生するが，住民と政府の協議の場，住民の参政ルートなど制度的に保障されている権利主張の場が少なく，社会の不満は高まる一方である。このような状況で発生するのが陳情である。第3章では民衆・地方政府・中央政府の三層アプローチで飛び級陳情問題が発生する原因を分析した。飛び級陳情問題が頻発するのは，地方政府の権限と責任の不均衡に由来するもので，問題を根本的に解決するには中央と地方間の権力関係を再調整する必要性があると筆者は主張する。

　利害紛争が原因の陳情問題はその影響範囲が限定的であり，政府が何らかの妥協案を出すことで落ち着くことが多い。しかし，匿名性が強くコミュニティ機能が弱い都市社会では，ある出来事をきっかけに直ちに大規模な行動につながる特徴がみられる。2012年に江蘇省で発生した「王子製紙排水プロジェクト反対デモ」，同じ年に中国各地で発生した「反日デモ」，2008年に貴州省で発生した「甕安（weng an）事件」を例に挙げると，直接の利害関係がない人々が短時間で大勢参加した。そして，都市部での集団騒動は事件発端の理由にかかわらず，直ちに政府当局に対する抗議行動となりがちである。このような緊急事態が発生した場合，社会の治安維持のために登場するのが軍隊と警察であるが，その役割分担には不明な点が多い。第7章では，軍隊と社会の関係が大きく変化するなか，国土防衛と治安維持の間で揺れる人民解放軍の変化をとらえている。筆者は，国内社会のリスク増大が，人民解放軍の主要任務，および社会との関係にみられる変化を説明する最も重要な要因であると主張する。

第3節　今後の課題

　本書では，都市化という共通背景を通して，社会運動，利害調整，ガバナンス，軍民関係，政治権力といった従来はバラバラに議論されていたトピックがひとつの土俵で議論できるようになり，新しい発見も多い。ここで私たちの問題意識をもう一度考えてみよう。中国の都市化過程で，どのような紛争があるのか。紛争はどのような形で現れるのか。そして，紛争はどのように解決されるのか。この過程で，国家と社会の関係はどのように変化したのか。各章では，これらの問題に直接応えているのもあれば，部分的に応えているのもある。ここではその応えを繰り返すより，残された課題について述べよう。

　都市拡張のメカニズムを述べた序章，行き過ぎた再開発に歯止めかける町並み保存運動を取り上げた第1章，および都市化プロセスにおける利害調整を考察した第2章で共通する認識のひとつが基層の官僚がおかれている政治環境である。強調したいのは，本書は「地方政府＝悪玉」を主張するものではない。私たちの問題に対する関心は，現在の制度設計のなかで，紛争発生の原因，解決のメカニズムと抱えている問題点を分析することである。中央レベルから末端の郷鎮レベルに至るまで官僚の任務と目標は数字化されており，この数字目標を達成することが地方役人の最優先課題である。数字目標の達成状況は役人個人の評価とも連動しており，各レベルの官僚間では激しい競争メカニズムが働いている。基層の官僚がおかれている政治環境を象徴するのが，政府間の請負関係と競争メカニズムであり，都市化が急速に進む政治的な要因でもある。それでは，政府間の請負関係と競争メカニズムはどのようにして機能するようになったのか。どのレベルにおいて一番機能しているのか。これは今後の課題としておきたい。

　社会の利益が多元化し，多様な利益を代表する社会組織（あるいは緩い形のネットワーク）が形成され，各自の利益を主張するようになったことはも

うひとつの共通したテーマである。それぞれが有する社会資源が異なることから主張の方法もさまざまであるが，いずれも積極的に政治に参加する傾向が読み取れる。しかし，正当な権利を主張する正式なルートが限られているため，最終的に都市の政策に影響を与えることには限界がある。政府と社会組織がめざす方向が一致する場合，政策過程には社会の声が反映されやすい。一方で，両者がめざすものが一致しない場合，国家と社会関係にはせめぎ合いがみられる。烏坎事件のように，時には上級政府が現れ，基層レベルの国家・社会関係を大きく変化させることもある。この場合，中国における国家・社会関係とはいったいどのようなものかをもう一度考えざるを得ない。

　社会側の権利主張が国家の対応に何らかの変化をもたらすという認識は今までの国家・社会関係論の共通認識であった。しかし，ここで抜けているのが国家内部（政府内）の利害調整と社会内部での利害調整である。政府内の利害調整については第1章から第3章までの議論のなかで時々登場するが，まだ十分に展開できていない。同じ行政レベルにおける内部の利害調整，上下政府間の利害調整，中央政府の登場による利害調整メカニズムの変化など，まだ不明な点も多い。社会内部における利害調整に関する研究はさらに遅れている。都市化とともに成長するタクシー業界の話でもわかるように，業界内部での利害調整はいまだに何らかのメカニズムが働いているとは考えにくい。国家・社会間，社会内部での利害調整メカニズムが欠如した場合，社会は不安定になる傾向があり，不満の矛先は常に政府へと向けられ，暴動化する恐れがある。それに対応する形で登場するのが警察と軍隊である。残念ながら本書では両者を比較しながら分析することができず，軍隊の役割分析に留まっている。今までの国家・社会関係論ではあまり触れることなく，軍隊は別の存在であったが，都市化による社会不安定に対処するために注目され，制度整備が行われていることは今後注目すべき課題である。

〔注〕
(1) 『中国統計年鑑』（1990）をみると，1989年に中国の都市化率は既に51.7％に

達している。また，世界銀行が毎年発行している Word Development Report の1991年版によると，中国の都市化率は65年で18％，89年で53％となっている。これは中国政府が公表した統計年鑑を元に作成したと思われるが，実態と大きくかけ離れていた。1991年までの中国の統計は様々なシステマティックな問題から誤差が大きく，その後大幅に修正される。1992年の中国統計年鑑によると，1989年の都市化率は26.2％となっている。現在使用している公式統計資料は1992年のものを基準とする。
(2) 都市化の発展経緯及び中小都市の盛衰については小島麗逸（1995，2005）が大変参考になる。
(3) 中国科学院地理科学與資源研究所が編集した『2010中国城市群発展報告』によれば，中国は23の都市群が形成されつつあるという（『京華時報』2012年3月28日）。

〔参考文献〕

＜英語文献＞

Bergel, Egon Ernest. 1955. *Urban Sociology*, New York: McGraw-Hill..

Davies, Jonathan S., and David L. Imbroscio, ed. 2009. *Theories of urban politics*. Los Angels: Sage.

Deutsch, Karl W. 1961. "Social Mobilization and Political Development", *The American Political Science Review* 55(3) Sept.: 493-514.

Friedmann, John. 2005. *China's urban transition*. Minneapolis: University of Minnesota Press.

Ho, Peter. 2005. *Institutions in Transition: Land Ownership, Property Rights, and Social Conflict in China*. Oxford: Oxford University Press.

Molotch, Harvey. 1976. "The City as a Growth Machine: Toward a Political Economy of Place." *American Journal of Sociology* 82(2) Sept.: 309-332.

Murphy, Rachel. 2002. *How migrant labor is changing rural China*. Cambridge University Press.

Song, Yan, and Chengri Ding. ed. 2007. *Urbanization in China: Critical Issues in an Era of Rapid Growth*. Cambridge: Lincoln Institute of Land Policy.

Tomba, Luigi. 2009. "Of Quality, Harmony, and Community: Civilization and the Middle Class in Urban China." *Positions: Asia Critique*, 17(3) Winter: 591-616.

Yusuf, Shahid, and Tony Saich, eds. 2008. *China urbanizes: consequences, strategies, and policies*. World Bank Publications.

Xu, Feng. 2008. "Gated Communities and Migrant Enclaves: The Conundrum for Building 'Harmonious Community/Shequ'." *Journal of Contemporary China*, 17(57), 633-651.

Walder, Andrew G. 1995. "Local Governments as Industrial Firms: An Organizational Analysis of China's Transitional Economy." *American Journal of Sociology* 101(2) Sept.: 263-301.

World Bank and the Development Research Center of the State Council. 2014. *Urban China: Toward Efficient, Inclusive, and Sustainable Urbanization*, Washington, D.C.: World Bank.

Wu, Fulong. 2002. China's Changing Urban Ggovernance in the Transition Towards a More Market-oriented Economy. *Urban Studies,* 39(7) June: 1071-1093.

＜中国語文献＞

傅十和・洪俊傑 2008．「企業規模，城市規模與集聚経済」『経済研究』(11) 112-125．

顧朝林ほか編 2008．『中国城市化：格局・過程・機理』，北京：科学出版社．

管兵 2010．「維権行動和基層民主参与，以 B 市商品房業主為例」『社会』(30) 46-74．

李国慶 2007．「社区類型與隣里関係特質──以北京為例──」『江蘇行政学院学報』(2) 59-65．

李強・李洋 2010．「居住分異與社会距離」『北京社会科学』(1) 4-11．

李子蓉ほか 2007．「泉州市区"城中村"隣里関係的地理学分析」『泉州師範学院学報』(自然科学版) 25(2) 91-96．

劉永亮 2009．「中国城市規模経済的動態分析」『経済学動態』(7) 9-72．

孫竜・雷弢 2007．「北京老城区居民隣里関係調査分析」『城市問題』(2) 56-59．

潘源 2007．『市場，階級與社会‐転型社会学的関鍵議題』，北京：社会科学文献出版社．

田毅鵬・呂方 2009．「単位社会的終結及其社会風険」『吉林大学社会科学学報』49(6) 17-23．

王春光 2009．「対中国農村流動人口"半城市化"的実証分析」『学習與探索』(5) 94-103．

姚士謀ほか 2010．『中国城鎮化及其資源環境基礎』北京：科学出版社．

楊昕 2008．「新生代農民工的"半城市化"問題研究」『当代青年研究』(9) 6-10．

楊卡 2010．「新城住区隣里交往問題研究─以南京市為例」『重慶大学学報』(社会科学版) (3) 125-130．

楊永華 2010．「民工荒，半城市化模式和城市化模式」『経済学家』(9) 71-76．

余暉 2009．「在深化改革中化解"半城市化"問題」『開放導報』(1) 80-83．

左学金 2010.「浅度城市化如何破題」『人民論壇』(7) 66-67.
周飛舟 2012.『以利為利：財政関係與地方政府行為』，上海 上海三聯書店.
朱健剛 2010.『国與家之間：上海隣里的市民団体與社区運動的民族志』，北京 社会科学文献出版社.

<日本語文献>
磯村英一 1959.『都市社会学研究』有斐閣.
加藤弘之編 2012.『中国長江デルタの都市化と産業集積』勁草書房.
黄媚 2014.「制度」辻中豊・李景鵬・小嶋華津子編『現代中国の市民社会・利益団体：比較の中の中国』木鐸社 85-109.
小島麗逸 1995.「中国の都市化と都市化構造」『アジア経済』36(5) 5月 2-29.
―――2005.「中国の都市化と小都市・町の盛衰」『アジア経済』46(10) 10月 26-65.
神野直彦 2005.「ポスト工業化時代の都市ガバナンス――その政治経済学――」植田和弘ほか編『都市のガバナンス』（都市の再生を考える2）岩波書店 7-39.
任哲 2012.『中国の土地政治――中央の政策と地方政府――』勁草書房.
―――2013.「『烏坎事件』からみる中国の基層政治」『アジ研ワールド・トレンド』(210) 3月 56-64.

第 1 章

歴史的町並み保存運動の台頭
——政治的機会構造の視点から——

姚　遠

はじめに

　歴史的町並みの保存は，中国の都市化過程における重要なテーマのひとつである。2013年12月に開催された中央都市化工作会議で，習近平総書記は「郷愁を覚える」「歴史的な記憶，地域の特徴と民族の特徴をもつ美しい町をつくる」などの表現を使って，都市化過程において発生する文化遺産の破壊問題への懸念を示し，歴史的町並みの保護の必要性を強調した[1]。
　歴史的町並み保存運動（以下，町並み保存運動ないし保存運動）は，急速に進む都市化に伴って現れた新しい社会運動であり，文化遺産保護に関する公共政策の改善に重要な役割を果たしている。保存運動はさまざまな方法で政府に働きかけると同時に，政府側と良好な関係を構築することをめざしている。町並み保存運動が活発になっている北京，南京，天津，ハルビンおよび福州等の都市において，運動は「相対的な成功」を勝ち取ったといえる。「相対的な成功」とは，保存運動が政策決定において有効かつ持続的に影響を与えることを指す。筆者が北京，南京などで行った現地調査の結果からみると，保存運動のメカニズムは持続的に作用し，政府に影響を与えてきたことがわかった。政策決定に影響を与える方法としては，①行政訴訟や行政不服審査（「民告官」），②新華社，人民日報などが政府内で限定発行する秘密

報告による問題提起(「内参」),③世論による監視(「世論監督」),④声望のある専門家や学者が指導者へ書簡を出し問題を訴える(「上書」),および⑤人民代表大会代表や人民政治協商会議委員が民間の意見を政府へ伝える(「提案」),といった5つのメカニズムがある(姚 2013)。

社会運動に関して,アメリカの政治学者タローは,「普通の人々が力を合わせてエリート,権力,敵対者と対決するとき,彼らは社会的ネットワークなどを動員して,敵対者と持続的に交渉をもつ(sustained interaction)。このときに社会運動が生まれる」という(Tarrow 1998;重冨 2007, 4)。そこで,本章では町並み保存運動を次のように定義する。町並み保存運動は,歴史的町並みを保存するという共通目標に基づき,異なった社会階層,異なった利益をもつ人々が団結し,体制転換を志向することなく,よりよい都市ガバナンスをめざし,国家に対して集団的,平和的,持続的に挑戦する過程である。都市化とグローバリゼーションの進行により,現代中国でも新しい社会運動(new social movement)が登場しつつある。ここでいう新しい社会運動はフランスの社会学者トゥレーヌらが提唱した概念を借用したもので,1960年代以降,西側の先進国において展開された女性解放運動,環境保護運動,地域分権運動など,階級闘争の議論が中心である古い社会運動と対照的な社会運動を指す(Touraine 1978)。

現代中国における社会運動および集合行為に関する先行研究は多いが,その多くはいわゆる「古い社会運動」に関するものである。その代表的な研究をいくつか取り上げよう。LiとO'Brienは農民の抵抗を「正当な抵抗」(rightful resistance)であると主張する(Li and O'Brien 1996)。于は,1998年以降の農民の抗争は「組織的な抗争」ないし「法律を武器とする抗争」(以法抗争)になっていると認識している(于 2004)。都市部の運動に関する研究は,おもにコミュニティ(社区)における権利擁護運動を分析している(劉 2004)。このように,先行研究が注目するのは,経済的利益を原因とする運動であり,脱物質主義(post-materialism)のアプローチを用いていないのである。

一方，従来の観点からみると，中国のような「権威主義体制」または「共産主義体制」において，市民参加が政府の政策決定に影響を及ぼすことは珍しく，政策決定に持続的かつ効果的な影響を及ぼすことは非常に困難である。たとえば，「ブラックウェル政治学百科事典」では共産党の制度下における市民参加について，次のように述べている。「共産党の制度において，市民参加は政策決定への影響とは何ら関係もなく，政策の決定権は人数が限られた小さな集団によって握られている。これらの国家における市民参加は，指導者に問題を伝達することが中心で，特定のサービスに対して不満を現わすものである」(米勒・波格丹諾 2002, 608-609)。以上からわかるように，中国における市民参加およびその政策決定への影響を考える際，保存運動を代表とする新しい社会運動は，古い社会運動とは異なった新しい視点を提供できよう。

では，具体的に保存運動を考えてみたい。今日の歴史的町並みの保存をめぐる政治力学は，毛沢東時代，鄧小平時代に比べると大きく変化している。2014年1月まで中央党校の副学長を務めた李書磊（Li Shulei）によると，歴史的町並みを破壊する要因は，指導者の個人的好みやイデオロギーではなく，市場経済のなかで経済的利益のみを追求する行為であるという（『北京青年報』2006年3月16日）。歴史的町並みをめぐっては，政治権力，市民社会，利益団体，メディアといったさまざまなアクターによる力の駆け引きが展開されている。近年，北京の東四八条（dong si ba tiao），南京の老城南（lao cheng nan），天津の五大道（wu da dao），広州の恩寧路（en ning lu），福州の三坊七巷（san fang qi xiang），杭州の清河坊（qing he fang），ハルビンの道外（dao wai）などの歴史的町並みの保存をめぐる社会運動は全国的に注目を集め，各級政府の幹部，政治協商会議委員，民主党派，記者，住民，ボランティア，およびNGOなどさまざまな行為主体が保存運動に登場している。そして，これらの保存運動の過程では，指導部の指示，都市計画の修正，立法，行政訴訟，行政不服審査，マスコミの世論監督，政治協商会議・人民代表大会の提案などが，たびたびみられる。市民はさまざまな形で歴史的町並みの取り

壊しに対し苦情を述べ，有名な知識人は自らの影響力を使って，政策決定に影響を与えている。

　ここで説明しておきたいことは，歴史的町並みを取り壊す力は大都市および経済先進地域になればなるほどより強く，そして歴史的町並みを守ろうとする社会の力も大都市部および経済発展地域においてより強いことである。その原因は次のとおりである。(1)大都市および経済発展地域では，住民は往々にしてより強烈な公共意識と法治意識を有している。(2)大都市および経済発展地域には，多くの大学，研究機関，文化団体が集中しており，文化エリートの役割が中小都市，農村地域に比べてより大きい。(3)大都市および経済発展地域では，マスコミが発達しており，通信手段もより発達している。大都市で発行される大衆紙（北京の『新京報』，南京の『現代快報』，広州の『新快報』など）は，地元の保存運動に強い関心をもち，運動の盟友として重要な役割を果たしている。

　本章では「政治的機会構造」論の視点から，中国の都市部における歴史的町並み保存のための社会運動の発生と展開の背景要因を考察する。保存運動が「相対的な成功」を勝ち取れるかどうかは，運動が政治的機会構造を十分に利用可能であるか否かにより決定される。資源動員論によれば，社会運動の発生，展開の基盤をなすのは政治的機会である。政治的機会構造（political opportunity structure）とは，「人々が集合行為を行う際にもつ成功や失敗への期待に影響を及ぼすさまざまな誘因を提供する政治的環境の諸次元」を指す（Tarrow 1994, 85）。経済的利益が焦点となるいわゆる「古い社会運動」と違って，新しい社会運動は文化，価値観，アイデンティティをより強調する。そして，新しい社会運動は，国家の正統性に挑戦するのではなく，よりよいガバナンスを実現することを目標に掲げるので，さまざまな政治参加の機会を獲得しやすい。町並み保存運動の発生と展開の基盤をなす政治的機会構造には3つの側面，すなわち(1)保存運動が国家の政治理念を利用し市民参加の正当性（legitimacy）を獲得すること，(2)保存運動が国家の制度設計を利用し，政策決定に市民が参加できる政策チャンネル（policy channel）を開くこと，

(3)保存運動が国家の権力配置を利用し闘争を展開すること,が含まれる。保存運動はこの3つの側面の政治的機会を効果的に利用し,その役割を発揮している。本章では,この3つの側面を中心に議論を展開する。

本章の構成は次のとおりである。第1節では都市化と保存運動の関係について述べる。第2,第3,第4節では,保存運動にかかわる政治的機会構造の3つの側面,すなわち,政治理念と保存運動の正当性,制度設計と保存運動の政策チャンネル,権力構造と保存運動の展開についてそれぞれ議論する。最後に本章の発見と新しい社会運動の限界のついて簡単に述べる。

第1節　都市化,脱物質主義と保存運動

1.都市再開発と町並み保存問題

ここ十数年の間,地方政府による都市の拡張および再開発の結果として,各地の歴史的町並みが大規模に取り壊されていた。1990年代末以来,北京旧市街の胡同（hu tong）の数は,毎年約600ずつ減少してきた（『北京晩報』,2001年10月19日）。胡同に取って代わったのが西城区（xi cheng qu）の「金融街（jin rong jie）」,東城区（dong cheng qu）の「金宝街（jin bao jie）」,崇文区（chong wen qu）の「新世界（xin shi jie）」,宣武区（xuan wu qu）の「中信城（zhong xin cheng）」などの大型不動産プロジェクトである。南京では,2002年までに90％の旧市街が取り壊され,大量の超高層ビルは南京旧市街の景観を損なってきた（『新華日報』2003年11月26日）。現在,中国社会における歴史的町並みの再開発に対する批判は,おもに3つの面に集中している。第1に,文化遺産が破壊されるという批判。第2に,伝統的なコミュニティが破壊されるという批判。第3に,居住権,財産権など,市民の権利が侵犯されるという批判である。そのうち代表的なものは,国家文物局局長であった単霽翔（Shan Jixiang）の観点である。

「一部の都市におけるいわゆる"古い町並みの改造"、"危険な古い家屋の改造"を理由とする大規模な取り壊しと再開発は、豊富な人文的情報をひとつずつ積み重ねてきた歴史的町並みを更地にしてしまうものである。このような再開発は、地域の文化的な特色を備えた伝統的な民家を無情にも取り壊すものであり、各地では保護文化財を移転させかつ破壊する行為が後を絶たない。文化遺産の保存を無視した都市再開発は、歴史的な都市文化空間の破壊、歴史的な文脈の断絶、コミュニティの解体を引き起こし、最終的には都市の記憶の消してしまうのである。」(単 2007, 10)

地方政府が、しばしば、都市再開発による経済的な利益を優先するために、文化遺産の保存は、政策アジェンダのなかで二次的な地位におかれる結果となっている。地方政府には、多数の開発・建設の目標があるが、文化遺産保存はその中のひとつに過ぎず、常にその他の目標、とくに経済成長という目標より下位に位置づけられる。旧市街の再開発により発生する土地譲渡金（国有土地を譲渡する過程で発生する費用）および不動産関連の税収は、地方政府の財政に多くの収入をもたらすばかりでなく、上級組織が市長などの地方政府の幹部に対して行う業績査定にも有利に働く。1994年の税制改革により、一部の地方は財政難に陥った。1998年に、土地譲渡金の全額が地方政府の財政収入になると、地方政府は国有土地を譲渡しようと積極的に都市再開発を進めた。これにより、建築業と不動産業が大きく発展し、地方政府の税収に大きく貢献するようになった。こうして地方政府の財政は文字とおりの「土地財政」(Hsing 2010；劉 2005) になったのである。不動産業は、利益が大きい都心部の旧市街の再開発を積極的に進めるが、反対の声も大きかった。そのため、一部の地方レベルの指導者は、文化遺産の保存が地方経済の発展に負の影響をもたらし、不動産経済を阻害すると認識したのである。たとえば、1990年代、南京市のある指導者は、旧市街の再開発の妨げとならないように、文物局に市指定文化財対象を500件から200件まで削減することを求めていた（元南京市文物局副局長陳平への筆者インタビュー、2012年2月20日南京市にて）。

90年代半ば以後，多くの都市住民の利益に影響し，知識人および社会全体の注目を集める歴史的町並みの大規模な再開発が進むにつれて，文化遺産の保存を目的とする運動が勃興していた。保存運動への参加者には，現地の住民だけでなく，文化の保存に関心を寄せるボランティア，文化エリート，記者，弁護士なども加わっている。現地住民は合法的な権益を守るために，そして文化財保存関係者は，歴史的町並みを保護するために，互いに同盟関係を形成している。活動家は，自身のネットワークとさまざまな社会資源を利用して政治過程に影響を与えることに成功している。

2．脱物質主義と保存運動の「闘争の原動力」

　改革開放以前の中国では，ボトムアップ型の社会運動は厳しく制限されていた。当時の政治運動は，常に国家が発動するトップダウン型の政治動員であり，民間のボトムアップ型運動と国家が連動する社会運動ではなかった。改革開放以降，とくに90年代以来，政治運動がほとんど影も形もなくなったと同時に，社会運動，とくに脱物質主義的な「新しい社会運動」が急速に興隆してきた。中国経済の高度成長，とくに急激な近代化，都市化，工業化に伴い，大規模な環境汚染や伝統文化の破壊などの問題が発生した。同時に中国社会は新たな歴史的段階に入り，より複雑な社会構造が形成されつつある。そのため，高まりつつある環境保全運動（例としては，環境保全運動による怒江ダムの建設阻止），および日本の住民運動に類似した，産業活動に伴う大気汚染，水質汚濁，騒音などの公害に対する住民の抗議活動（たとえば，化学工場の建設に反対する抗議運動，上海におけるリニアモーターカー建設に反対する市庁前の「散歩」）は，いずれも中国のガバナンスが直面する新たな苦境を体現している。保存運動の勃興は，正に変革時代の特徴を反映している。

　保存運動に参加する人々は3つの類型に分類することができる。第1に，利害関係がある一部の現地住民である。「大躍進」「文化大革命」などのさまざまな歴史的原因によって，一部の家屋はその所有権が明確ではない。所有

権の混乱は，家屋の長年にわたる放置をもたらすばかりではなく，住民が歴史的町並みの改造に直面した際に紛争を引き起こしている。たとえば，「文化大革命」の終了後，過去に没収された家屋を取り戻せた人々は，持ち家を保持しようとする。また，1958年から国家が運営，賃貸する私有不動産（後述する「経租房」）については，元の所有者が政府に不動産の返却を要求している。一方で，現在の生活環境に不満を抱えており，立ち退きを強く希望する人，あるいは高い立ち退き費用を要求する人々もいる。このように，立ち退きに直面した際，住民の主張は多様で，その調整は非常に難しい。一部の現地住民は，自身の利益を守るために保存運動に加わるのである。

　財産権に対する意識の高まりは，住民が保存運動に参加することを後押ししている。1998年から始まった住宅制度改革により，公営住宅の私有化が加速した。住宅は市民の最大の財産となり，市民の財産権意識も空前の高まりを見せている。ますます多くの市民が，「先祖からの住宅・私有財産が，侵犯されることがあってはならない」と感じるようになっている。財産権意識の高まりを象徴するのが「経租房[2]返却要求運動」である。1990年代末から，多くの住民が1958年に始まった「経租房」問題を注視し始め，政府に返却を要求する運動を起こしてきた。これら，直接的な利害関係がある住民の運動参加は権利擁護（「維権」）の側面をもつ。

　第2は，権利擁護だけではなく，文化財保護にも強い共感をもつ住民である。歴史的町並みに住む古くからの住民は，自己の家屋が文化遺産としての価値を有することを認識し，郊外に移転することに反対している。たとえば，何世代にもわたって無錫（wu xi）の小婁巷（xiao lou xiang）に暮らしてきた秦氏の関係者は，家屋が所在する小婁巷に非常に大きな愛着を感じている。彼らは移転計画に対して公開で異議を提出するとともに，行政再審査を通して，移転計画を中止させることに成功した（『中国文化報』，2010年4月7日）。このような住民の自発的な家屋保存，文化遺産保存の行動は，南京の老城南の保存，常州（chang zhou）の前後北岸（qian hou bei an）の保存，北京の東四八条の保存などで，多数発生している。

第3に，直接的な利害関係がない市民，ボランティア，専門家，記者，人民代表大会代表，政治協商会議委員などである。彼らは，文化遺産，都市の記憶といった文化的アイデンティティを強調しており，脱物質主義の社会運動の特徴をもつ。著名な文化財保存のボランティアである北京市民の華新民（Hua Xinmin）は，「最初に北京の歴史的町並みの消失に気付いたのは1997年です。ある日，私が西単（xi dan）を歩いていたところ，大きくて非常にきれいな胡同がすべて取り壊されていました。その際，なぜこのようにきれいな建物を壊すのだろうかという疑問が頭に浮かびました。最初は町並みへの愛着から出発し，美学および歴史的な角度から，建設的な意見を提起していましたが，後にこれも市民の権利に対する侵犯であると気がつきました」と述懐していた（華新民への筆者インタビュー，2008年8月10日北京市にて）。

　保存運動の積極的な参加者でもある専門家，中国文物学会名誉会長の謝辰生（Xie Chensheng）は，同氏が強く関心を寄せる北京の歴史的町並み改造問題について，「1998年に美術館後街22号の四合院の保護にかかわったのが最初のきっかけでした。その後，ずっとかかわるようになり，呼びかけをしてきました。2003年になると，問題はさらに深刻化し，すでに北京の歴史の中心地帯まで取れ壊されてしまいました。私は劉淇（Liu Qi，当時の北京市党委員会書記）に手紙を書き，この勢いを止めるように要望しました」と述懐していた（謝辰生へのインタビュー，2012年12月20日北京市にて）。目標実現のためには，一般市民自身の力だけでは弱いため，専門家，人民代表大会代表，政治協商会議委員，著名な知識人などの文化エリートの力が不可欠となる。文化エリートはその影響力を使い，政府に直接働きかけることができる。しかし，市民やボランティアの積極的な活動がなければ，文化エリートも広範な民意の賛同を得られない。それゆえ，文化エリートの役割と，市民，ボランティアの役割は相互補完的なものである。

　一方，地方政府は，財政面での税収増と政治的実績査定の圧力によって，大規模な旧市街改造を推し進める。これは文化遺産の保存および住民の権利保護のふたつの側面において重大な問題を引き起こし，保存運動が継続する

原動力となっている。同時に、政府も複雑な社会問題を解決するため、民意を十分に反映した社会政策を制定する必要がある。また、文化遺産保存部門および都市計画部門は、政府内部における権力の駆け引きおよび外部の利益団体の圧力に直面しており、市民の力を借りて、その権力を効果的に行使する必要がある。保存運動はいかに政治的機会を利用し、取り壊しを制止することができたのか。以下の節では、保存運動が展開できる基盤としての政治的機会構造の三要素、すなわち政治理念、制度設計、権力配置についてそれぞれ検討していく。

第2節　政治理念と保存運動の正当性

1.「秩序ある市民参加の拡大」の提起

　近年、共産党中央は「秩序ある市民参加」をかつてない高さに位置づけし、「政策決定の民主化と科学化」を強調している。15回から18回までの党大会の内容を分析すると、市民参加、公共的課題、公共サービスなどの課題が重要視され、環境保護、文化遺産の保存も重要なアジェンダとなっている。1978年から90年代の半ばまで、中国政府の施政の重点は「経済政策」におかれていた。しかし、21世紀に入り重大な社会問題および社会矛盾に直面するとともに、中国政府は政策の焦点を「社会政策」へと移し、より多くの資源を社会政策分野に投入している（王 2007）。社会政策を実施する過程では、市民の権利意識の高まりにも注意を払う必要性があり、そのためにも、市民参加のルートを切り開くことが求められる。

　市民の参加および監督は、中央政府と地方政府の駆け引きに変化をもたらす。「政令が中南海を出ない」という表現は、中央政府が直面する政令の伝達不全を象徴的に表している。市民の参加および地方政府への監督は、中央の政令の地方レベルへの速やかな伝達を可能にするひとつの外的な力になっ

ているのである。

　党は市民参加を推進することを重要な政治課題として掲げている。2002年の16回党大会の報告では，「社会情勢と民意を反映する制度を確立し，大衆の利益と密接にかかわる重要事項に関する社会公示制度と社会公聴制度を構築する」と提起されており，2007年の17回党大会の報告では，さらに「各レベル，各分野において秩序ある市民参加を拡大させ，人民にもっとも広い範囲で働きかけ，法による国の事務や社会の事務の管理および経済，文化事業の管理を行う」「政策決定の透明度と市民参加の度合いを強め，大衆の利益と緊密につながる法律・法規と公共政策を制定する場合，原則としてオープンに意見を聴取する」と強調した。2012年の18回党大会の報告では，改めて「社会主義民主政治の制度化，規範化の推進を加速し，各階層各分野からの秩序ある市民参加を拡大する」「人民の知る権利，参加の権利，表現の権利，監督の権利を保障することは，権力が正確に運用されることの重要な保証である」と述べ，「社会主義協商民主」を初めて提起した。党代表大会の報告の要求に基づき，中央政府は一連の法律および政策を制定し，市民参加を保障する制度の整備を図っている。

　当然，市民の参加の程度は，「秩序ある市民参加」における「秩序」をいかに理解するかによって大きく変わる。参加目標および参加方式の違いによって，国家の容認度も大きく異なる。「政治安定」に影響しない前提で，ガバナンスの改善を目標とし，穏やかで建設的な姿勢を採用した社会運動は，往々にして，より国家に受け入れられやすい。このような条件からみれば，保存運動は正当性の面では非常に有利な立場にある。そして，運動の中心的な役割を発揮するのはボランティアおよび文化エリートといった知識人であり，彼らは政府に対していかに穏やかで建設的な意見を提起するかについて，比較的明確な認識を有している。彼らは，保存運動が国家が容認する範囲内にあることを確保すると同時に，地方政府の政策決定に対して，可能なかぎり，修正案やその他の制度設計に関する意見を提出することで，運動側と政府側の効果的なインタラクションを持続させる方向へもって行くのである。

2．文化遺産保存における「大衆路線」

　1982年，中国は「文物保護法」を制定し，歴史的町並み保存制度を設立した。これにより，北京，南京，蘇州，杭州，広州，西安など24の都市が第1回保存名簿に登録された。2012年の段階では，計120の都市が保存名簿に登録されている。国務院は2005年と2012年に「文化遺産の保存の強化に関する通知」（「関于加強文化遺産保護的通知」），「観光開発におけるさらなる文化財保護の強化に関する意見」（「関于進一歩做好旅游等建設開発活動中文物保護工作的意見」）を発表し，歴史的町並みの保存を強調してきた。

　21世紀に入ると，党の指導部も歴史的町並みの保存を重視するようになる。2003年9月9日，当時総書記であった胡錦涛は，北京の古都保存に関する謝辰生からの書簡に対し「歴史的な文化遺産および古都の風貌の保存に注意しなければならない。鍵は，確実に政策を実行することにあり，各関係部門はこれを大いに支持しなければならない」と指示した。同年9月8日，当時の国務院総理であった温家宝も，同じ上書に対して「古都および文化遺産の保存は，首都建設の重要課題であり，各級指導部は認識を強め，社会各界からの意見聴取に注意し，都市計画を厳格に実行し，法に基づく処理を堅持するとともに，大衆の監督を自覚的に受け入れ，業務を改良しなければならない」と指示した（北京城市規劃学会 2005, 33）。2006年10月21日，温家宝総理は南京の古都保存を訴える16名の専門家からの書簡に対し，「歴史的な都市，町と村の保存条例の制定に力を注ぎ，できるだけ早く立法化しなければならない」と国務院法制弁公室に要求した（蒋 2009）。2013年8月24日，習近平総書記は河北省正定県等の歴史的町並みの保存に関して，「正確な保護理念を堅持し，その歴史的かつ文化的な価値を確実に保護しなければならない」[3]と指示した。また，2014年2月，習近平総書記は北京旧市街地を視察した際，「都市の文化遺産を自分の命を守るように保護すべき」と指示した。

　文化遺産の保存運動の政治的正当性に問題はない。しかし，地方政府から

「政治安定」を破壊する行為とみなされないためには，党の政治理念と政治的な伝統から正当性を取得する必要があった。実際に，市民が文化遺産の保存に参加することの正当性は，改革開放が始まる前の時期まで遡ることができる。1956年に当時の副総理であった習仲勲が署名した国務院の「農業生産建設における文化財保存に関する通知」(「関于在農業生産建設中保護文物的通知」)は，「広範な人衆に，郷土の革命遺産および文化財を愛し保護する固有の積極性を発揮させ」「文化財の保存を広範な大衆的な活動とせねばならない」と早い時期から強調していた。1987年に国務院は「文化財保護をより強化することに関する通知」(「関于進一歩加強文物工作的通知」)を発表し，「党および国家の文化財保存を実行する政策を，広大な大衆の自覚的な行動とする」と提起した。1997年，国務院は「文化財業務の強化および改善に関する通知」(「関于加強和改善文物工作的通知」)を発表し，「全社会の参加を動員する文化財保存体制」を構築すると提起している。いわゆる「大衆路線」「すべては大衆のため，すべては大衆に頼る。大衆のなかから来て，大衆のなかに行く」という革命の遺産は，常に，市民が国家の管理に参加する際の正当性の有力な根拠である。したがって，保存運動は非常に容易に「政治的な正当性」を取得し，地方政府との駆け引きを展開するための合法的な基礎が得られるのである。

　この「大衆路線」という革命遺産は，現代の市民が，文化財保存や環境保護などのガバナンス問題に参加する際の正当性を提供している。謝辰生は，「60年の歴史を回顧すると，新中国における文化財保存の指導的な思想は，文化財保存の法律であるか，中央指導者の関連する指示であるかにかかわらず，いずれも一貫して『大衆のなかから来て，大衆のなかに行く』という伝統を堅持しており，大衆に依拠して文化財を保存するという姿勢が常に堅持されている」という認識を示している（謝辰生への筆者インタビュー，2012年12月20日北京市にて）。このように，保存運動は，国家の既存の「大衆路線」から近年の「秩序ある市民参加」までの政治理念を利用し，「政治的正当性」を取得したうえで，さまざまな活動を展開しているのである。

第3節　制度設計と保存運動の政策経路

「秩序ある市民参加」を促進しようとする動きは，党を民意の尊重と社会協調の実現の強化の方向へと動かしている。そして，関連する制度設計によって，市民参加のための新たなルートが開かれるようになっている。たとえば，情報公開制度，行政訴訟および行政不服審査といった制度にくわえて，行政ホットライン，市民の意見を集約するルートとしての公聴会，政策会議を市民が傍聴できるいわゆる傍聴会などである。市民が参加できるこれらの政策チャネルは，いずれも党が政治報告のなかで示した政治理念および全国人民代表大会，国務院が発表した法律法規に基づき，制度的な措置によって拡大されている。ここで，保存運動が利用できる新たな政策チャネルについてより詳しく説明しよう。

まず，政府の情報公開の制度化であり，政治の透明性の強化である。2008年5月1日より「政府情報公開条例」が施行された[4]。同条例には「市民，法人またはその他の組織の切実な利害にかかわる情報で，市民に知らせる必要があるとき，あるいは市民の参加が必要であるときには，公開しなければならない」という主旨が明記されている。さらに，政府の情報公開に関する申請方法，回答方法および期限などについても規定している。各級政府は，いずれも政府のウェブなどを通じて重要な行政情報を公開し，市民は政府のウェブを通じて情報の問合せができる。政府が情報を公開しなければ，市民はどの歴史的町並みが取り壊されるのかを知る術がなく，保存運動に参加することも難しい。華新民ら一群の文化財保存ボランティアは，北京市国土局，北京市土地備蓄センターの土地競売および備蓄情報を長期にわたって追跡し，歴史的町並みを取り壊そうとする動向を随時把握し，その破壊行為を法にのっとって随時制止してきた。

ふたつ目に，インターネット上の政治的対話の興隆であり，インターネットをプラットホームとする政府と市民の相互的な働きかけの機会が増えてい

る。インターネットによる政治的対話には，市長メールボックス，局長メールボックス，政府スポークスマンフォーラムなどの方法がある。南京市の例を挙げると，2009年末に市は政府インターネットスポークスマン制度を確立した上に，歴史的町並みの保存と密接に関連する都市計画局，文物局および区政府にインターネットによる対話プラットホームを速やかに構築することを求めた。市民は，歴史的町並みに被害を及ぼす可能性がある再開発計画および文化財調査の漏れなどの問題について，インターネットによる政治的対話というオープンで，透明性の高いルートを通じて政府に回答を求めることで，一部の立ち退き計画を速やかに制止することができた。

3つ目に，専門家による諮問会議などの方法で民主的かつ科学的な政策決定を制度化することである。専門家諮問制度は，2004年の「党の執政能力建設を強化することに関する決定」で提起されたものであり，「専門性，技術性が比較的強い重大事項については，専門家による論証，技術的諮問，政策決定に対する評価を真摯に実施しなければならない」とされ，2007年の第17回党大会の報告では，「政策決定の科学化，民主化を推進し，政策決定の情報およびインテリジェント支援システムを完備する」ことと提起された。歴史的町並みの保存に関連する2005年の国務院「文化遺産保存の強化に関する通知」では，「文化遺産保存の定期的な通報制度，専門家諮問制度並びに市民および世論による監督メカニズムを構築し，文化遺産保存業務の科学化，民主化を推し進めなければならない」と明文化された。歴史的町並み保存の専門家諮問会議では，文化エリートが会議に参加し，町並み保存を強く主張して，数多くの歴史的町並みの破壊を阻止している。

4つ目に，行政再審査および行政訴訟により，法に基づく行政を政府に促し，政府の不当な行政行為を糾弾するメカニズムである。1990年の「行政訴訟法」および1999年の「行政不服審査法」は，市民の権益擁護のために2種類の法的救済ルートを提供している。保存運動は行政訴訟および行政不服審査をおもな闘争手段として，歴史的町並みを保存するとともに，政府に圧力をかけてきた。行政再審査についてみても，近年，無錫の小婁巷の住民，蘇

州の平江路（ping jiang lu）の住民は，古民家を保存するために，行政再審査を申請し，立ち退き命令を取り消すことができた。

　保存運動はこのような政策チャンネルを使い，多様な形で活動を展開しているのである。

第4節　権力構造と保存運動の展開

　中国の行政システムの権力構造は，しばしば「条条塊塊（縦割り型・横割り型）」と表現される。「条々」というのは部門の縦割りのことであり，「塊々」は地域ごとの指揮命令体系のことである。このような権力構造のあり方は，保存運動が政治過程に影響を及ぼすうえでのもうひとつの重要な政治的機会である。保存運動の圧力を受けて地方政府が妥協するということは，国家が一枚岩ではなく，地方政府が上級政府の干渉を受けると同時に，社会の圧力にも直面していることを示している。

　中央―地方関係の視点と「条条塊塊」の視点からみると，各級政府および各行政部門の間には，異なる利益と力の均衡が存在している。改革開放以降，政府内では部門ごとの利益意識が徐々に強まり，利益矛盾も日増しに鮮明になっている。近年，この矛盾は単なる権力の配分の問題だけではなく，経済成長を最優先する発展モデルを継続するかどうかの認識の側面も含まれている。

1．保存運動が文化財行政に提供するプラットホーム

　歴史的町並みの保存を担う文化財行政部門の行政権力は，各級の地方政府の抵抗，棚上げ，あるいは権力の分割の問題に直面している。文化財行政の弱点は「会同」（立会い）と「掛靠」（付置）というふたつのキーワードに集約される。行政においてAがBに「会同」するとは，AとBは形式的には

対等な関係にあるが，実際上はＡが主導し，Ｂがそれに協力することを意味している。歴史的町並みの保存実務は，現地の建設部門が文化財部門に「会同」して実施されるが，実際には後者の権力は限られている。「掛靠」とは文化財部門に通常独立した行政機構がなく，現地文化部門に付属して存在していることを指す。いくつかの大都市の政府機構の統計に基づくと，北京，上海，南京，瀋陽，済南，太原，蘭州，西安，長沙，福州など10の都市には専門の文物（文化財）局が設立されているが，一般には文化局に属する「外局」となっている。例外は北京市で，市の文物局は市文化局や市都市計画委員会などと同じ行政レベル（局クラス）である。近年の「大部制」（部門の統合集約化）をめざす行政改革を経て，地方の文物局は「文化，ラジオテレビ放送，新聞出版局」（「文広新局」と略称）に統合され，歴史的町並みの保存に関する文化財行政の地位はさらに弱体化している。

　このような状況下で，保存運動は各級の文化財行政にとって有力な外部からの支援となっている。当時の国家文物局局長の単霽翔は，2010年の「中国文化遺産保護傑出人物」褒賞式典で「文化遺産を保護するのは各級政府と文化財関係者だけの仕事ではない。市民が真剣に長期にわたって文化遺産の保護活動に参加することで，文化遺産は確実に保護できる。……われわれは文化遺産保護に携わるボランティアと活動家を賛美する。彼らの役割を過小評価すべきでない」と発言し，市民参加を高く評価した。2009年7月，江蘇省文物局は南京市における歴史的町並みの保存問題について調査を実施した。その調査報告書では「現在，一流の文化財専門家，著名な学者が南京市の旧市街地改造での大規模取り壊し・大規模建設，手続き違反などの問題を提起し，中央指導部の高い関心を集めている。社会の参加および支持，メディアの注目および宣伝，専門家の監督と呼びかけは，文化財保存にとって未曾有の良好な環境を提供している」と指摘した[5]。

　もちろん，これはあくまでも保存運動が成功している地域の話である。南方のＮ市の文物局のある幹部は筆者に，「わが市の文物局が，文化財を保護し，取り壊しを阻止することは容易ではなくなっている。わが局は文化局の

下の『外局』であり，局長が市政府の会議に出席しても後列に座っているだけで，時には会議開催の通知さえこないことがある。また，市の指導部が下した結論に，われわれが異なる意見を提出してもまったく相手にされない」と語っている（N市文物局幹部への筆者インタビュー，2010年11月12日，N市にて）。専門家である謝辰生の話はさらに無力感に満ちている。「文物局が政府を思い通りにすることはできない。たとえば，私が市長または区長で，君が局長の身分だとしよう。君が私に対抗したら私は君を排除するが，君はどうしようもないだろう。国家文物局にも方法がない。権力が大きくないため，誰にも相手にされないだろう」と述べている（甄 2009, 67）。これらからも読み取れるように，保存運動の存在は文化財部門が法に基づき権力を行使することへの支援になる。

2．保存運動が都市計画行政を後押しする

都市計画はしばしば，実行する段階で，権力と資本の影響を受け，計画目標と異なる結果になる。歴史的都市では，保存計画を制定しても，計画を実施する過程で干渉を受け，元の保存目標を実現することが難しくなっている。地方政府の都市計画部門も，保存運動を支えにして，その保護計画が利益団体および行政長官から過度に干渉されないようにする必要がある。南京市都市計画局局長であった周嵐は，「南京は全国で最も早く歴史都市の保存計画を制定した都市のひとつであり，80年代，90年代および今世紀の初頭に作成された3つのバージョンの保存計画がある。これらの保存計画は，関係者の間で代表的なものとされ，全国にも一定の影響力を有する。しかしながら，各バージョンの保存計画は建設・改造の大きな潮流を阻止できていない」との認識を示している（周 2010, 66）。

歴史的町並みの破壊は，現地の都市計画部門の不作為の結果ではない。都市計画部門が保存計画を確定しても，それを実行に移せないのである。保存運動は，文化財行政に対しても，都市計画行政に対しても，法に基づいた行

政執行を促すために，政府の外から強くサポートしなければならない。2008年，ある市の計画局関係の責任者は筆者と意見交換した際に，都市計画の実施に対する保存運動の役割を評価し，「近年，文化遺産の保存の事例が増え，社会の保護意識も高まっている。計画部門も順調に関連業務を行い，歴史都市保存計画の実行メカニズムを強化している」と述べた（N市都市計画局幹部へのインタビュー，2010年11月10日 N市にて）。

要するに，保存運動は政府内部の関連部門の支援プラットホームとなっているのである。逆にいえば，保存運動は一枚岩ではない政府の権力構造を利用し，政府内における協力者を探し出し展開するのである。

おわりに

保存運動は，90年代以来の中国の急速な都市化の産物である。同時に，保存運動は多様化する中国の社会構造および都市ガバナンスの実態も表している。大規模な取り壊しを伴う都市拡張・再開発は，市民の財産保護意識と文化遺産の保存意識を高めた。そして，歴史的町並み，文化財などを保護することを目的とする社会運動が各地で展開されるようになった。保存運動は政治的機会，すなわち国家の政治理念が提供する市民参加の正当性，国家の制度設計が提供する市民参加の政策チャネル，国家の権力配置が提供する市民参加のチャンスを十分に利用し，政策決定へ影響を及ぼしている。

本章は政治的機会構造の視点から，保存運動の台頭の背景要因を分析した。地方政府の財政という要因，指導者の業績査定という要素以外に，保存運動が成功するかどうかは次の要素にかかわると考えられる。ひとつは保存運動に対立する利益団体の強さである。各地の都市再開発の波の背後には，不動産業界をはじめとする強力な利益団体が存在し，都市計画と建設に大きな影響を及ぼしている。保存運動の力がこれらの利益団体を勝ることも時にはあるが，利益団体の力が非常に強い場合，保存運動は無力である。つぎに地方

幹部の汚職問題である。地方幹部が不動産商人と結託し，複雑な利益同盟を形成し，文化遺産を破壊していることは，メディアでよく指摘されている。そのため，保存運動の要求は政治課題として取り上げられにくい。最後に政治指導者の属性である。少数の指導者の権威によって国家を統治する傾向が強い行政システムでは，歴史的な町並み保存は指導者の教育水準，個人の好み，生活経験などの個人的な要素に影響されやすいのである。

本章で検討した政治的機会の分析枠組は，保存運動の発生および興隆を理解する助けとなるばかりではなく，その他の新しい社会運動を理解するためにも有効である。政治的な安定を前提とした新しい社会運動が，よりよいガバナンスを実現することができるのであれば，われわれは18回党大会で提起された「社会主義的協商民主」に対してより楽観的に考えることができよう。

　　※本研究の一部は中国国家社科基金青年項目（14CZZ042）研究助成の成果である。

〔注〕
(1) 「中央城鎮化工作会議在北京挙行」，新華社，2013年12月13日，http://news.xinhuanet.com/video/2013-12/14/c_125859839.htm，2013年12月14日アクセス。
(2) 「経租房」（jing zu fang）は，1958年の「大躍進」のときに，個人の家屋を国家が代わりに経営管理し，賃借人に貸し出す不動産を指す。改革開放以降，建設部は「経租房」を「私有住宅の社会主義改造」の一部として国有化されたものであるとの理由で，元の所有者への返却を拒否している。
(3) 正定県政府ホームページ，http://www.zd.cn/WebSite/Info.aspx?ModelId=1&Id=29996，2013年12月5日にアクセス。
(4) この条例の公布以前は，党が提起した「陽光政府の建設」に基づき，行政情報を公開した。
(5) 江蘇省文化庁ホームページ，http://www.jscnt.gov.cn/newsfiles/130/2009-07/14279.shtml，2009年8月12日アクセス。

〔参考文献〕

<英語文献>
Hsing, You-Tien. 2010.*The Great Urban Transformation: Politics of Land and Property in China*. Oxford: Oxford University Press.
Li, Lianjiang and O'Brien, Kevin. 1996. "Villagers and Popular Resistance in Contemporary China." *Modern China* 22(1) Jan.: 28-61.
Tarrow, Sidney. 1998. *Power in Movement: Social Movements and Contentious Politics*. Cambridge: Cambridge University Press.

<仏語文献>
Touraine, Alain. 1978. *La voix et le regard: sociologie des mouvements sociaux*, Paris: Les Éditions du Seuil.

<中国語文献>
北京城市規劃学会 2005.『胡同保護規劃研究』北京:北京城市規劃学会.
劉能 2004.「怨恨解釈,動員結構和理性選択——有関中国都市地区集団行為可能性的分析」『開放時代』(4) 56-81.
蒋芳 2009.「南京:為了名命懸一線的老城南」『瞭望新聞週刊』(19) 42-47.
劉守英 2005.「政府壟断土地一級市場真的一本万利?」『中国改革』(7) 22-25.
米勒・波格丹諾(David Miller and Vernon Bogdanor)編著 2002.鄧正来訳『布莱克維爾政治学百科全書』北京:中国政法大学出版社.
単霽翔 2007.「従功能城市到文化城市」『建築与文化』(8) 10-11.
王紹光 2007.「従経済政策到社会政策:中国公共政策格局的歴史性転変」『中国公共政策評論』(第1巻) 上海:上海人民出版社.
于建嶸 2004.「当前農民維権的一個解釈框架」『社会学研究』(2) 49-55.
周嵐 2010.『歴史文化名城的積極保護和整体創造』(清華大学博士論文,2010年3月).
甄静慧 2009.「謝辰生:我已决心以身殉城」『南風窓』(10) 66-69.

<日本語文献>
重冨真一編 2007.『開発と社会運動——先行研究の検討——』(調査研究報告書) アジア経済研究所.
姚遠 2013.「中国都市部における社会運動と国家・社会関係の変容——歴史的町並み保存運動を例として——」鈴木隆・田中周編『転換期中国の政治と社会集団』国際書房 125-150.

第2章

都市化と利害調整
――基層レベルにおける政策過程に関する考察――

任　哲

はじめに

　都市化の進展に伴い，立ち退き補償，土地の譲渡，環境汚染をはじめとするさまざまな紛争が後を絶たない。紛争は個人の経済利益に起因するものもあれば，集団の利益をめぐるものもある。時には公共の利益を守ることを目的とする陳情・デモが行われる。本来であれば，政府あるいは裁判所が中立的な立場から紛争の解決に乗り出すべきであるが，中国の基層政府[1]は経済活動に深くかかわっており，一部の紛争は政府自身の不作為によるものである。そして，前の章で触れたように，現時点で市民の政治参加のチャンネルは依然限られている。したがって，問題が解決できなかった場合，市民の不満の矛先はすぐに政府へと向かう。政府への不満はやがて不信感へとつながり，政府が問題を解決しようにも事態が膠着してしまう。本章の課題は，政府に対する市民の不信感が高い状況下で，基層政府がいかに紛争の解決に取り組むのかを解明することにある。

　紛争事例に関しては多くの研究者が注目しており，事例分析も労働者デモ，土地紛争，立ち退き，環境保護活動など多様である。その流れを整理すると大きくふたつのカテゴリーに分類することができる。ひとつは社会運動のアプローチである。紛争にかかわる人が多く，大規模のデモ・暴動が伴う事例

に関しては社会運動のアプローチで分析することが多い（Ho and Edmonds ed.2008，姚 2013）。先行研究では，運動が起きる構造的な要因（Cai 2010），経済利益（Deng and Yang 2013），動員メカニズム（劉 2004），中心人物の価値観（Li and O'Brien 2008；Wang, Sun, Xu and Pavlicevic 2013）といった問題が焦点となっている。しかし，事件の対応に当たった基層政府は議論の中心ではなく，あくまでも社会運動の効果を議論する延長線で触れられる。したがって，紛争に対処する基層政府の政策過程について踏み込んだ議論がなされていない。また，各種事例研究は類型化される傾向が強く，異なる性格の事例を比較し，その意味合いを議論することも欠けている。

　もうひとつは紛争がどのような政治的な意味合いをもつのかを分析する研究である。これらの研究は紛争に起因するデモ・暴動を一種の政治参加とみなし，増え続ける政治参加が政治体制にどう影響するかを問題意識とする。90年代以後，理由はともかく全国各地では大小さまざまなデモ・暴動が起きており，今日においても後を絶たない。しかし，いかなる大衆デモ・暴動も中国の政治体制を揺るがすことはなかった。研究者は政治的安定性がいかにして保たれるのかに注目し，政治体制（于 2010；Zweig 2003；Shambaugh 1998），中央地方関係（角崎 2013；田原 2009；任 2012）といった問題に議論が集中している。これらの研究は中央レベルにおけるマクロな政策に言及することが多く，政治的安定を維持することに貢献した基層政府の役割については十分に言及されていない。

　本章の目的は，今まで議論されていなかった基層レベルにおける政策過程を部分的に解明し，現代中国が抱える制度設計の問題を浮き彫りにすることである。都市化を積極的に進めている主体は基層政府であり，さまざまな利害調整に直接関与する当事者である。また，社会問題の解決策をみる際，中央政府が公布した政策に頼るだけでは，基層における政策実施の実態はみえない。利害調整にかかわる基層政府の政策過程を理解することは，国家と社会関係の実態を把握することに有益であり，現代中国における政治的安定性に関する議論を補足することができる。しかし，基層レベルにおける政策過

程を分析するには多くの壁がある。とりわけ政策過程に関する公開情報が少なく，政府内の政策決定については依然不明な点が多い。そして，特定地域の具体的な政策過程に関する議論（趙・陳・薛 2013）はあるものの，基層政府全般の政策過程に敷衍するにはさらなる議論が必要である。本章ではマクロ的な視点から，利害調整に関連する事例を比較しながら基層レベルにおける政策過程に特化して議論を展開する。

　利害調整を中心とする公共政策は，その内容により政策が及ぶ範囲も異なる。ここでいう利害調整は大きく分けて3つある。ひとつは個人の利益であり，都市化過程で発生する立ち退き問題がこれに入る。もうひとつは集団の利益で，農村（あるいは集団所有企業）の集団所有土地を譲渡する過程で起きる問題がこれに入る。最後は公共の利益で，公共サービス，環境保護などをめぐる問題が挙げられる。本章では，個人の利益に起因する「重慶の釘子戸（ding zi hu）事例」，集団の利益が紛争の原因となった「烏坎（wu kan）事件」，公共の利益を代弁する「厦門PX[(2)]事件」の3つの事例を比較しながら政策過程を考察する[(3)]。3つの事例はすべて利害調整の成功事例として知られ，社会全般に広がる可能性をもつ。そして，よりよい国家社会関係を構築するための模範事例としても取り上げられている。各種条件が異なることから厳密に比較することは困難であるが，性格の異なる事例を比較することは，事件に対する基層政府の考え方を理解するのに有効である。

　本章は5つの節によって構成される。「はじめに」では問題意識および本章の方向性について述べた。第1節では政策過程のなかで「課題の設定」がいかに重要であるかを述べた上で，課題の提起者および課題設定の6つのモデルについて議論する。第2節では3つの事例を比較しながら，基層レベルにおける課題設定を分析する。第3節では事例分析の結果をふまえた上，基層レベルにおける政策過程の特徴および問題点について触れる。「おわりに」では政策過程と制度改革の関連性および今後の課題について述べる。

第 1 節　政策過程における課題の設定

　中国における社会問題を議論する際，最後に行き着くところは政府の不作為になりがちである。都市化に関していえば，「緑が少ないので政府は公園をつくるべき」や「人々の通勤が不便だから公共交通を充実させるべき」「都市再開発過程で住民の利益が守られていないので対策をとるべき」などのさまざまな提案が政府に出される。しかし，政府がすべての提案に耳を傾けることは物理的に不可能で，重要かつ緊急性の高い問題から順位をつけて対策を講じるのが通常のやり方である。ここで問題になるのが，どのような問題が政策過程の課題（アジェンダ）になるのかである（王 2006；Bachrach and Baratz 1962）。

　課題の設定がいかに重要であるかを説明するには，Creson の研究が参考になる。Crenson がアメリカのふたつの都市の環境改善に向けた取り組みを比較した研究は課題の設定の重要性を物語る。Creson の研究によると，A 都市では環境汚染に悩まされながら政府は住民に対し環境汚染に関してあまり話さない。しかし，B 都市では A 都市ほど環境汚染問題が深刻ではないが，政府は常に環境汚染を課題にもち出す。その違いはどこにあるかというと，A 都市では強い利益集団が政策課題の設定を左右するゆえに，環境汚染問題が課題にならないことであった（Creson 1971）。課題の設定の問題は民主主義国家だけではなく，中国のような権威主義国家の政策過程を理解する際にも重要な意義をもつ。

　中国の政策過程における課題の設定について王紹光は 6 つのモデルがあると主張する。王は課題の提起者を 3 つのカテゴリー（政策決定者，政策ブレーン，民間）に分けた上，それぞれの政策に民衆が積極的に参与するかどうかを基準に 6 つの種類（表2-1参照）に分けた。ここで 6 つのモデルについて簡単に紹介しよう（王 2006, 87-93）。「閉鎖モデル」は政策決定者自身が課題を出して決定することで，民衆の意見が反映されていない。これは民衆の政

表2-1　議題の設定モデル

		議題の提出者					
		政策決定者		政策ブレーン		民間	
民衆の参加程度	低い	Ⅰ	閉鎖	Ⅲ	内参	Ⅴ	上書
	高い	Ⅱ	動員	Ⅳ	借力	Ⅵ	外圧

（出所）　王紹光 2006。

策参加意識が低い伝統社会でよくみられるモデルであるが，現在にもよくみられる。「動員モデル」は閉鎖モデルと同じく政策決定者が課題を提案するが，有利な方向へ進めるために民衆を動員して政策過程に参加させることである。50年代の大躍進，60年代の文化大革命は動員モデルの範疇に入る。「内参モデル」は政策ブレーンが政策決定者に課題を提案することを指す。政策ブレーンは自分の提案が課題に採用されるようさまざまな工夫をするが，民衆の参加を呼びかけることはない。改革開放以後の多くの農業政策，経済政策はブレーンの働きかけによって形成された。政府内の反対勢力により提案が課題にとりあげられなかった場合，政策ブレーンは自分の提案を公開し，民衆からの支持を集めて押し切ることもある。これが「借力モデル」である。医療制度改革がその一例で，民衆が医療システムに不満があることを利用して政府内の反対意見を押し切ったのである。「上書モデル」は形式的には「内参モデル」と似ているが，提案者の身分は政策ブレーンではなく政策過程と関係のない外部の人間である。環境破壊を伴うダム建設に反対する環境NGOの働きがその典型例である。最後の「外圧モデル」は「上書モデル」と似ているが，少人数の意見ではなく，社会全体の圧力で課題になることである。本章で取り上げる廈門PX事件が「外圧モデル」の好事例である。

　王が提示したモデルと関連する事例は中央レベルの話が中心で，基層政府の利害調整を分析するにはいくつかの修正と補足が必要である。

　まずは課題の提起者である政策決定者の個人の利益をいかに理解するかである。王は政策決定者の個人の利益およびそれと密接な関係がある特定の利益集団の存在を認識はしているが，最終決定を行う政策決定者をより中立的

立場で理性的に考えるものと理解している。このような理解は中央のトップレベルの話では説得力があるかもしれないが，基層レベルになると官僚がおかれている外部環境が異なることから説得力に欠ける。基層レベルの官僚がおかれているさまざまな外部環境のなかで特徴的なのが上下政府間の「請負関係」と官僚間の競争メカニズムである。ここでいう「請負関係」というのは，下級政府の責任者が上級政府から管轄区域内の政治，経済，社会といった全般の業務に関する目標達成を全責任もって引き受けることを指す。上級政府は下級政府の目標達成状況を基準に奨励――賞状，ボーナスと昇進――を行う（任 2012, 28）。官僚間の競争メカニズムとは高い職位につくために同一レベルの官僚同士が競争し，請負成績のよい官僚が昇進することを指す（周 2012；任 2013）。多くの先行研究が指摘するように，都市化過程で最大の焦点は土地譲渡利益の調整であり，これは土地にかかわる人だけではなく，土地譲渡を主導する地方の役人の個人利益とも密接な関係がある。したがって，政策決定者がおかれている外部環境の問題は基層レベルの政策過程を分析する際に考慮すべき重要な要素である。

つぎに，政策ブレーンの実態がとらえにくいことである。中央レベルの政策決定には大勢の政策シンクタンクと政策ブレーンがかかわっており，段階的に意見が集約される特徴がある（王・樊 2012）。しかし，基層レベルにおける政策過程をみると，中央からの政策を基層政府がいかに実行するかの問題ばかり注目され，基層政府が地域独自の対応策をいかに策定するかという問題はあまり注目されていない。それゆえ，基層レベルにおける政策決定にどのような政策ブレーンとシンクタンクが関与しているかについてはいまだに不明な点が多い。

最後に，民衆の政治参加が基層政府の政策過程に直接影響を及ぼすことである。公共政策は常に社会からの要望を反映した形でつくられる。しかし，民衆の政治参加ルートが限られている現代中国においては，ある政策が民衆の政治参加により形成されたというのは飛躍しすぎている。中央レベルの政策は，民意と政策ブレーンの意見を段階的に集約し徐々につくり上げられる

のに対し，基層レベルにおいては突発事故あるいは何らかの出来事をきっかけに始まった群集行動（陳情，デモ，暴動など）により政策課題が大きく変わることがある。

　以上のようなことをふまえた上，本論文では次の4点に注目して事例を分析する。①住民の個人の利益が損害を受けた際に政府はどう対処するのか。②集団の利益と政府の利益が衝突する時はどのような対策をとるのか。③公共の利益と政府の利益が衝突する時はどのように対処するのか。④利害調整に関する課題はどのように形成されるのか。

第2節　事例研究

　この節では個人の利益に関する事例として，2007年の出来事である「重慶の釘子戸事例」，集団の利益に関する事例として，2011年に起きた「烏坎事件」，公共の利益に関する事例として2007年に発生した「厦門PX事件」の経緯を考察しながら，都市化過程における利害調整の特徴および基層レベルにおける政策過程を分析する。

1．重慶の「釘子戸」

　中国語でいう「釘子戸」とは，立ち退きを拒否し釘のように動かない住民を指す。立ち退きを拒否する理由はさまざまであるが，最も多い理由は立ち退きに対する補償に納得がいかないことである。90年代から都市化が進むにつれ，全国各地で釘子戸が次々と現れた。そのなかでもっとも有名なのが重慶の釘子戸で，経済開発志向の地方政府，デベロッパーと住民といった三者間の利益交渉を理解する好事例である。

　古い住宅地を再開発する際，住民への補償は大きく分けてふたつある。ひとつは建物補償，もうひとつは現金補償である。建物補償とはデベロッパー

が住民に対し現在の住まい相応の新しい物件を提供することである。現金補償とは住民の住まいに対し，市場価格に応じて現金を支払うことである。住民の立場と考え方もさまざまで，補償に納得して再開発を支持する住民もいれば，補償に納得できず最後まで立ち退きを拒否する住民もいる。デベロッパーは交渉しやすい人から始まり最後に交渉しにくい住民と補償について話すのが一般的である。また，デベロッパーは交渉を有利に進めるために，早めに交渉に応じた人に一定の褒賞を提供することもある。交渉が成立すると直ちに建物の解体作業が始まり，最後まで交渉を拒否した住民の家は陸の孤島になってしまう。

重慶の釘子戸もデベロッパーとの交渉が成立せず最後まで拒否した住民である。デベロッパーは現金補償を提示したが，家主である呉氏は金額が少ないことを理由に建物補償を要求した。しかし，これにはデベロッパーが難色を示した。その後，両者は何度も話し合う場を設けたが交渉は難航していた。周囲の建物は全部解体され，呉氏の家は陸の孤島になり，水道から電気まで全部止められた。ここで地元の政府が登場するのである。

重慶市九龍坡区政府の住宅管理局は行政裁決を下し，呉氏がデベロッパーの条件を受け入れること，裁決が降りてから15日以内に立ち退くことを要求した。呉氏が引き続き立ち退きを拒否すると，デベロッパーは呉氏を裁判所に訴えた。裁判所は期日内に立ち退きするよう3度も命令文を告示するが，呉氏は動かなかった。現行の「都市家屋解体条例」のなかには「政府は公共の利益の為に家屋を解体することができる」と定められている。裁判所が立ち退きを命令する根拠にするのがこの項目である。しかし，公共の利益をいかに定義するかは論者によって異なる。再開発に反対する専門家は，商業目的の再開発は公共の利益にはならないと主張する。これに対し政府側は崩壊する危険がある住宅地を再開発することは公共の利益に属するという。いずれにせよ，度重なる裁判所の命令も呉氏を動かすことができなかった。

周りの土地はすべて整備され，呉氏の家だけが残っている現場の写真がネット上に載せられると，呉氏の家は「史上最強の釘子戸」としてすぐさまに

国内外に知られ，世界中のメディアが注目するようになった。業者が強行に建物を壊す事件は全国各地で発生しており，時には命までが犠牲になるケースがあった（たとえば，唐福珍事件[4]）。メディアが注目することによって，呉氏の立場はさらに強くなった。また，呉氏は2007年に公布した「物権法」を武器に開発業者と戦う姿勢を強くアピールした。最終的にはデベロッパーが大幅に譲歩し，呉氏に建物補償を行うことで決着した。和解が成立したことで，デベロッパーも裁判所への提訴を撤回した（『南方週末』2007年3月29日付）。

　地域住民の利益と密接な関係があるのに，住民の意見が反映されていない政策過程の問題点がこの事例からよく理解できる。まずは，政府と住民の間で何らかの合意がないまま，政府が再開発計画を決定したことである。都市部の再開発では住民の意見を事前に聞くことなく政策だけが先行するケースがよくある。重慶の「釘子戸」がまさにその典型例である。住民の利益と密接な関係がある政策においては，政策過程に住民の参加が不可欠である。しかし，実際には住民との合意が不在の政策過程となってしまった。

　もうひとつは「釘子戸」が現れた時の政府の対応である。再開発政策を決定する際に住民の意見を十分に取り入れなかった結果として生まれた「釘子戸」を政府（ここでは区政府の住宅管理局）は「公共の利益」という理屈で立ち退きを強要した。いずれも政策決定者が自らの都合で課題を設定した閉鎖モデルで，住民の反対により最終的には執行が大幅に遅れることになってしまった。

　もちろん，個人が自己の利益の最大化を図るため行き過ぎた要求をしていると理解することもできなくはない。再開発地域全体の住民をひとつの集団の利益として理解するのであれば，このケースでは個人による強い利益主張により，再開発のプロセスを大幅に遅らせたことで集団の利益に損害を与えたことになる。政策決定者がすでに再開発に賛成した住民を動員し事態を自身に有利な方向へ誘導することもできなくはない。しかし，住民を動員したとしても必ず成功する保証はない。そして，住民を動員するにもコストも考

慮しなければならない。

「釘子戸」の問題を避けるためには，政府が地域住民の意見に耳を傾けると同時に，地域住民内部における利害調整のメカニズムも必要不可欠である。集団内部の利益を如何に調整するかについては，次の事例が参考になる。

2．「烏坎事件」

「烏坎事件」[5]の発端は2011年9月に行われた陳情である。広東省陸豊（lu feng）市東海（dong hai）鎮烏坎村の村人3000人余りが，村の土地売却利益の配分への不満を理由に，陸豊市政府の前で集団陳情を行った。この集団陳情を行う前に村人達はすでに政府から広東省政府に至るまで何回もの陳情を行ったが，満足できる返答をもらえなかった。やがて村人の怒りが爆発し，9月の陳情ではかつての村の土地に建てられた工場の建物を破壊しただけでなく，村の党支部と村民委員会事務所を破壊した。事件の早期収束をはかるため陸豊市政府は武装警察を動員するが，これは事態をさらに悪化させることになった。村人と警官隊が対峙する烏坎村の状況は香港メディアに取り上げられ，世界から注目されるようになった。最終的に政府が大幅に譲歩することで事態が収束に向かったこの一連の出来事を「烏坎事件」という。

海に面している烏坎村のおもな収入源は漁業で，土地は塩害で農耕に適していないところが多かった。使われていない土地を活用するために村では90年代初めに集団所有企業を立ち上げ，村の土地の使用権限を企業に変更した。村の党支部と村民委員会の幹部が企業の管理層に多く入っていた。企業はこれらの土地を資本に企業誘致をはかり，90年代から2000年代にかけて大きく成功した。烏坎村は見事に経済発展を実現した模範村となり，地元から中央レベルに至るまでさまざまな表彰をもらった。しかし，多くの土地が集団所有企業を経由して村の外の企業に譲渡されたものの，土地譲渡で得られた利益は村人に行き届いてなかった。これが事件発生の最大の原因となる。

大規模な陳情はいきなり発生したわけではない。陳情行為に出る前に村の

若い人達はインターネットの投稿サイトを通じて土地譲渡利益に対する認識を共有していた。情報共有する過程で何人かの中心人物が現れ，その後の一連の陳情と9月に行われた集団陳情を組織するようになった。村の党支部と村民委員会が襲われ機能不全に陥ると鎮政府は陳情する側の中心人物のひとりに臨時代理事会を組織するよう依頼した。宗族をベースに選ばれた臨時代表理事会は一党独裁が続く中国では珍しいもので世間の注目を集めたが，臨時代表理事会の運営を可能にしたのは複数の中心人物がいたからこそできたことである。

　陸豊市政府は事件の進展をどのように認識したのだろうか。資料の制限により政府の動きはまだ十分に把握できないが，ここでは確認できる範囲のものを述べたい。村人が小規模の陳情を行う際，村の指導部は力で押さえた。村人が広東省政府の前で陳情を計画する情報は村指導部も把握しており，陳情者たちは広東省政府にたどり着く前に身柄を拘束されてしまった。9月に大規模の集団陳情が発生してからも鎮政府は村の指導部を支持する発言を繰り返していた。地元の陸豊市政府が積極的に陳情問題に対応したことを示す情報はない。陳情を何度も受理しながらも事件解決のために何らかの有効な措置をとることもなく，迂回戦術をとっていた。事件がエスカレートすると，市政府は臨時代表理事会を違法組織とし，事件にかかわる中心人物を指名手配した。ここまでみると，地元の県レベル（陸豊市の行政ランクは県レベル）で解決の糸口はまったくみえてなかったといえよう。

　陸豊市が陳情に対し一貫して応じていないのは市の経済利益と密接な関係がある。陸豊市が近年力を入れて建設した東海経済技術開発区は地元経済を支える重要な存在であり，陸豊市政府も開発区域内に移転してきた。譲渡された烏坎村の土地の一部は開発区に組み込まれており，土地の返却を求める農民の陳情に応じることは陸豊市の今までの経済政策を否定することにつながるのである。これはもうひとつの重要な問題，つまり村の集団利益と地元全体の経済利益[6]が衝突する時に政府はどのように対応するかである。利害調整の場合，単に少数利益が多数利益に従うのではなく，どこかで妥協する

ことが重要である。長年蓄積された問題をどこまで掘り下げて精算するかは度重なる交渉過程で少しずつ問題を共有するしかなく，これが烏坎事件を解決するに当たって一番難しい問題でもある[7]。

　事件解決に乗り出したのは陸豊市政府の上級政府である汕尾市政府からである。汕尾（shan wei）市党書記が会議の発言ではじめて村の指導部と基層政府の対応に問題があることを指摘し，烏坎村村民に一定の理解を示していた。しかし，事態はこれで収束していなかった。陸豊市政府に対する村人の不信感は根深く，政府との交渉に応じなかったのである。広東省政府が対策グループを立ち上げ村人との交渉に臨むことになってから事件は収束に向かった。なぜ広東省政府が出ることによって事件は解決へ向かうことができたのか。基層政府に比べ直接な利害関係がないのは重要な理由であるが，もちろんこれだけではない。

　専門家の提案は事件解決にあたってポジティブな役割を果たした。事件のさなかで，陳情問題に詳しい中国社会科学院・中山大学の専門家たちが座談会を開催し，早期解決のためには省政府が全面的に前に出る必要があると主張した。専門家の意見は広東省社会工作委員会の担当者を通じて当時の広東省副書記（朱明国）に届き，省の工作グループを直接派遣することに至ったといわれている（「烏坎密碼」『経済観察網』，http://www.eeo.com.cn/2012/0609/228009.shtml，2013年3月5日確認）。社会工作委員会とは一体どのような組織なのか。その実態はまだ不明な点が多い。2011年に広東省は社会工作委員会（以下，社工委と略す）を省レベルに設立し，広東省の市・県レベルで続々と社工委が設立された。組織構成をみると，社会建設・群衆工作・社区建設という3つの部門から構成され，社会問題全般をカバーすることが窺える。構成員をみると，専属スタッフ以外に他部門から派遣されたスタッフが多く，党と行政を横断する政策立案・調整を目標にしている（「広東省社会工作委員会」ホームページより，http://www.gdshjs.org/s/2011-12-26/content_35584990.htm，2013年3月5日確認）。

　烏坎事件は社工委が設立されてから直面した最初の大事件であり，事件当

時のトップが省副書記である朱明国であった。省の工作グループが事件解決のために行った一連の対策（村の水道・下水設備改善，道路建設，学校教師寮および図書館建設，港湾建設などインフラ建設）をみると，複数の担当部門が動員されていることが読み取れる。残念ながら，各部門がどのような名目で経費を支出しているかはいまだに不明である。部門間の調整は中国の政策過程が常に抱えている大きな課題である。多部門に跨った社工委が，長く続いてきたこの問題を解決できるか判断するには時期尚早であるが，地方レベルにおける政策過程において大きな変化であることに間違いない。

3．「厦門 PX 事件」

「厦門 PX 事件」[8]とは，2007年に福建省厦門市で発生した市民の反対運動により市内で建設する予定だった化学工場計画が中止された一連の出来事を指す。近年，人々の環境保護意識が高まり，大型プロジェクトが反対運動により中止される事例が後を絶たない。厦門 PX 事件は市民が平和的な手段で政府の政策を変えた成功事例として注目されている。

工業地域にどのような工場が建設されるかを一般市民が事前に知ることは少ない。厦門の市民が PX 工場建設を知るようになったのは専門家の働きかけである。2006年に厦門大学の専門家が厦門市長に工場建設地を再検討するよう提案したが，政府側は何の対応もしなかった。専門家の働きかけで，2007年3月に行われた政治協商会議期間中，100人を超える政治協商会議の委員が厦門 PX 工場建設を再検討する議案を提出した。PX 工場建設予定地は住民の生活区域と2キロメートルほどしか離れておらず，いったん事故が発生した場合住民の安全が脅かされる危険性があると専門家たちは主張するが，議案は本会議を通過することができなかった。しかし，専門家たちの働きかけのおかげで一般市民が PX 工場建設を知るようになった。

PX 工場の建設予定地である厦門市海滄（hai cang）区は1995年から石油化学工業地域として大きく発展してきた。したがって，PX 工場がこの地域に

建設されるのは何の違和感もないはずである。問題は2000年代に入ってから厦門市は海滄区で大規模な不動産開発を始めるようになり，大勢の人が住む住宅地へと発展したことである。域内における石油化学産業と住宅建設のバランスが取られないまま，化学工場と住宅地の距離は縮まり，やがて住民から不安の声が出るようになった。PX事件はこのような社会背景の下で発生したのである。

工場建設の話題はネット上で盛り上がり，反対デモを呼びかける情報が市民の間に広がった。市政府はデモを強く警戒し，さまざまな手段でデモが行うことを事前に防ごうとしたが成功しなかった。6月1日から2日連続で市民による工場建設反対デモが行われた。デモという表現には市政府が敏感であることから，「散歩」という表現を使ったのがこの事件の特徴でもある。大人数が参加するデモは暴動化することが多いが，厦門のデモは暴動化することなく静かに行われたのも目新しい。

地方政府はデモに対し強硬な立場をとることが多い。PX工場問題でネット世論が盛り上がるなかで，厦門市政府は関連サイトを閉鎖したり，PX事件を報道した香港の雑誌を没収したり，事件に関連する中心人物を逮捕するなど行った。しかし，これは逆に市民の関心を呼び寄せることになり，大勢の市民が「散歩」に参加し大きな話題となった。民衆の反対活動に対し厦門市政府はこれまでの立場から一転し柔軟に対応するようになった。まずは，工場建設をいったんストップし，工場建設による環境評価を再検討することを市民に約束した。それだけではなく12月には工場建設をめぐる政府と市民の座談会を2日間開催し，市民と関係者に意見を述べる場を作った。その後，厦門市政府は公式に市内でPX工場を建設しないと宣言したのである。

政策決定に関する座談会は厦門が初めてではない。政策過程および立法過程でも「聴証会」（公聴会）というものが存在するが，参加者の意見は反映されることなく，形式的なものに過ぎず，市民の参加意欲も強くない（『人民日報』2009年12月25日付）。PX工場建設をめぐる座談会も形式的なものに終わるのではないかという心配が市民の間にはあったが，結果的には参加者

の意見が十分に反映された。座談会には抽選で選ばれた市民，専門家，環境保護活動家，関連企業，人民代表大会の代表などさまざまな背景をもつ人々合わせて150人あまりが参加した。ほとんどの意見は工場建設に反対するものであり，賛成者は10人程度に過ぎなかった。

　PX 工場の建設が中止されることにより，厦門市民の利益の主張は成功し賞賛を浴びた。しかし，PX 工場の建設計画が消えた訳ではない。その後，福建省漳州（zhang zhou）市が PX 工場建設地に選ばれ密かに工場建設が進められた。この情報が外部に知らされると，地元の住民は厦門市民同様に建設反対運動を組織するが，地元の政府は反対意見を押し切って強引に進めた（『南方週末』2009年2月5日付）。成都でも同じく PX 工場建設に反対する動きがあったが，地元の政府によって抑え込まれた。厦門 PX 事件以後，住民の間に PX という概念は幅広くしられ，具体的にわからないが「毒」があるという認識だけが共有された。大連と寧波の PX 工場反対デモ，江蘇省啓東（qi dong）で起きた王子製紙工場の反対デモ（のちに暴動化），四川省什邡（shi fang）の銅生産工場反対デモにみられるように，環境汚染の懸念があるプロジェクトに対し住民は敏感に反応するようになったのである。もちろん，住民の反対運動は単なる環境意識の向上の結果ではない。多くの反対運動は環境破壊のスローガンを抱えるが，その背後には企業誘致に反対するライバル企業，被害を受ける不動産業，官僚間の利益矛盾などさまざまな要素が複雑に絡んでいることにも注意する必要がある（『南方週末』2012年11月29日付，鄭 2013）。

　厦門 PX 事件をめぐる政策過程は「内参モデル」から「借力モデル」に変化した好事例である。事件以後，基層政府は大きな課題に直面している。それは住民をいかに説得するかである。従来のような政策過程では決定者が課題をもち出す閉鎖モデルであるがゆえに，社会の意見を聞かずに進めることができた。厦門 PX 事件が，住民には政策に対する拒否権（veto）があることを教えたことで，環境汚染の懸念があるプロジェクトが住民の反対デモによって次々と中止されるようになった。度重なる住民の反対運動に対して基

層政府もいろいろ学習しており、ネット上の世論を厳しく監視したり、反対運動が広がる前に押しつぶしたりする方法で、事前に対策を打つようになっている。しかし、いったん事件が発生しメディアで報道されると対話の姿勢をとるようになる傾向がある（『南方週末』2012年11月29日付、『国際先駆導報』2008年11月24日付）。また、烏坎事件でも現れた現象であるが、基層政府に対する住民の信頼度が低く、環境破壊問題がないと政府がいくら説明しても信じてもらえない難しい状況が広がっていることも今後注目すべき問題である。

第3節　政策過程の変遷

　前節で取り上げた利害調整に関する3つの事例をまとめると、次のような共通点が上げられる。

　まずは、いずれの事例も最初の政策過程では住民の参加程度が低く、政策決定者が課題を提起し、決定にまでもち込んだ閉鎖モデル（内参モデル）が中心となっていた。重慶の再開発政策にしろ、厦門の事例にしろ、政府は事前に住民の意見を聞くことなく政策決定者自身のロジックで政策を決定した。烏坎事件の場合、住民の度重なる陳情があったにもかかわらず、村の土地利益の再調整について真剣に議論することなく、時間だけが過ぎてしまい、農民の陳情が一部暴動化してしまったのである。厦門の場合、専門家たちが工場建設を止めるよう働きかけたが、課題になることなく終わってしまった。

　ふたつ目は、専門家と政策ブレーンの役割が限定的である。王と樊は中国の医療改革過程を分析したうえで、専門家と政策ブレーンが政策執行過程で重要な役割を果たしていると強調した。専門家と政策ブレーンの意見が段階的に集約され、最終の政策決定に反映される中国式の政策過程を「共識型モデル」と王と樊は呼んでいる（王・樊 2013）。国家レベルの政策過程、あるいは高度な専門知識を必要とする政策（金融、医療、税収、予算など）過程に

おいては専門家と政策ブレーンのプレゼンスが大きいのは事実である。しかし，本章で扱う都市拡張・再開発に関する事例をみると，政策ブレーンのプレゼンスは「共識型モデル」というほど大きな役割を果たしていない。都市拡張・再開発を通じて産業誘致と経済発展を実現することは単純で明快なロジックであり，高度な専門知識を有する専門家のアドバイスがなくても実現できると政府は考えているのだろう。

　3つ目に，住民の抵抗は政策決定者が政策を再調整（rectification）するのに一定の効果を挙げていることである。本文で取り上げた事例はいずれも住民側に有利な結果につながっていることから，住民の抵抗はある程度効果があると考えられる。住民は政策実施に抵抗する過程で，受動的に政策を受け入れるのではなく，自分たちにも拒否権があると知った。もちろん，すべての抵抗が成功するわけではなく，成功例は依然として少数である。住民の行動が政策過程に何らかの影響を与えることは一種の進歩であるが，別の問題が浮き彫りになった。それは裁判所の存在感が薄いという問題である。利害調整に不満があれば裁判所に訴えるのが本来の筋であるが，紛争が集団化・暴動化する傾向からみると，裁判所はあまり信頼されていないというしかない[9]。

　4つ目は，新興メディアの役割が非常に大きいことである。新聞・テレビなど伝統メディアは依然として政府の厳しい管理下にあるが，インターネットの普及と通信技術の発展により伝統メディアに頼らなくても情報を伝達できるようになった。重慶の釘子戸の場合も最初から新聞・テレビが注目したわけではなく，ネット上で話題になってから新聞記者が追って報道するようになったのである。また，住民同士の情報共有と連携もインターネットを通じて行うことで，反対デモを組織するのに必要な時間と物質的コストが低下した。また，メディアが注目することにより，個人の安全がある程度守られているのも事実である。たとえば，重慶の釘子戸の場合，多くのメディアに注目されたので，政府とデベロッパーは強硬な手段をとることができず，妥協するしかなかった。

「政策科学化」(科学的に政策を決定・実施)と「政策民主化」(民主的なやり方で政策を決定)は改革開放以後の中国政府が一貫して掲げている目標である。社会の意見を反映した透明で民主的な政策過程は権力の濫用を防ぐだけではなく，政権の正統性を強化することに有効である。しかし，科学的で民主的な政策過程は多様な利益主張を認めた上で成り立つもので，各種利益の中身，主張方法，利害調整を丁寧に分析することから始まる。

政策過程を理解するに当たって一番重要なのが，政策決定者の個人の利益である。上下政府間の「請負関係」と官僚間の競争メカニズムに代表される外部環境の影響で，基層政府の政策決定者は常に短期間で成果を挙げようとする傾向がある。「政治掛帥」(政治主導)というスローガンを基層の指導者は好んで使うが，その背景にあるのが成果主義に基づいた競争メカニズムである。下から意見を集約する政策過程は時間が掛かるために，意見が集約できず頓挫する可能性がある。少しでも上昇志向がある政策決定者であれば，政治主導による短期間で問題を解決する方法をとるだろう。そして，決定者の個人の利益が政策過程に携わる多くの役人に共有される場合，個人の利益は集団の利益に変化する可能性があることにも気を配らなければならない。

政策決定者の個人の利益が政策過程に反映しないようにするのが上級政府と社会の役割である。上級政府が人事権を掌握している状況下で，下級政府が一番気にかけているのが上級政府からの評価であり，これが下級政府の政策決定者の最大の弱みでもある。上級政府が下級政府の実績を評価する際，重要になるのが「一票否決」であり，その内容にはひとりっ子政策，大規模デモ，陳情問題，環境問題などさまざまな項目が含まれる。これらの項目にひとつでも引っかかった場合，同年度の昇進，ボーナスがなくなる可能性が高いので，下級政府の役人は致命的な問題を起さないよう神経を尖らせている。

社会の利益主張もこの弱みを認識した上で行われるのである。個人の利益問題に関していえば，メディアに注目され社会からの同情を集めることができる。社会からの同情は，政府に強硬な方法をとらせない抑止力として一定

の効果がある。中国の陳情問題をたとえる言葉に「大きく騒げば，問題は徹底的に解決される。小さく騒げば，問題は流される」という表現がある。烏坎事件のような集団利益が損害を受けた場合，即時に対策を練らないと事態はすぐさまにエスカレートする。集団の利益に関係する問題はすぐに大きな社会問題となるので，政府は最初から慎重に動かざるを得なくなる。紛争が発生するとメディアを追い出したり，住民を逮捕したりするニュースが今でも流れているが，このような方法は逆に政府に対する住民の信頼度を下げることになり，問題解決をさらに難しくしてしまう。

　住民の意識も大きく変化している。とくに，公共の利益に関連する政策過程には，より多くの住民が積極的に参加する傾向を見せる。厦門の事例からわかるように，大勢の市民がデモに参加した理由は自分の生活と密接に関係する事件だからである。いったん，環境が汚染された場合，厦門に住むすべての人が被害者になり，政府の役人も例外ではない。烏坎事件が土地利益の配分をめぐる局地的な事件にとどまるのに比べ，環境汚染のような公共の利益をめぐる政策はその影響の及ぶ範囲が広いことから，デモの規模と影響力が大きくなる。公共の利益への市民の関心が高まると同時に，度重なる社会運動のなかで何らかのわれわれ意識（collective we）が形成されつつあるのが現在の中国社会である。民衆の意識変化により，今後の公共の利益に関連する政策を決定する際，課題の設定はかつての閉鎖モデルではなく外圧モデルへと移行するだろう。

　利益主張ルートが限られている現在の状況下で，社会内部の利害調整，社会と政府の利害調整が膠着状態に陥る可能性も大きい。重慶の「釘子戸」事例にせよ，「烏坎事件」にせよ，双方が妥協できず互いに譲らない状況がしばらく続いた。民衆の基層政府に対する信頼度が低くなればなるほど，利害調整が難航する局面が生まれやすい。膠着状況を打開するには第3者の力が必要であり，上級政府（中央・省）への期待が高まる。「烏坎事件」で登場する社会工作委員会の存在意義もここにある。複雑に絡み合う当事者利益を考慮しつつ，さまざまな社会資源を動員し妥協に導くことができるのは広東

省政府しかなかったのである[10]。

　社会の多様な利益主張がすべて政策課題に反映されることはなく，その地の政治構造の制約を受ける（Stone 2005）。3つの事例を通じてみえる中国の基層レベルの政治構造は地域ごとの特徴はあるものの，共通するところもみられる。それは，上級政府の権威を傷つけないことを前提に，競争志向の政策決定者と，政策決定者の弱みを握り，積極的に利益を主張する社会との交渉ゲームである。

おわりに

　厦門 PX 事件以後，全国各地で環境汚染の懸念がある工場建設を反対するデモが相次いだ。とくに2012年にはこの種の大規模なデモが多発しており，民衆の環境意識がかつてないほど高まっている。2012年9月，国家発展改革委員会は「大型プロジェクトの社会安定リスク評価方法」を公示し，プロジェクトを始める前に，どのようなリスクがあるかを事前調査するよう求めた。具体的には，アンケート調査，インタビュー，座談会のような形式でさまざまな意見を聞いた上で，プロジェクトの社会リスク評価（高・中・低）を行う。リスク評価が中以上のプロジェクトは発展改革委員会からの建設許可をもらえないと規定している。

　事例比較を通じていえるのは，公共の利益にかかわる紛争は一般市民が動員されやすく，他の地域へ広がりやすい。しかし，現在の基層レベルにおける政策課題の設定過程には民衆の意志を反映するチャンネルが乏しいといわざるを得ない。たとえチャンネルを設けたとしても，臨時的なものか，公聴会のように形式的なもので終わる可能性がある。また，基層政府に対する民衆の信頼度がますます低下していることから，政府が公正なリスク評価をしたとしても住民が納得しない場合もある。信頼回復の為にも民意を反映する公式なチャンネルを設けなければならない。もちろん，政治参加のチャンネ

ルは基層レベルだけの問題ではなく，中央レベルにおいても必要である。結局のところ，大きな制度改革は避けられないのである。

　本章では議論展開が不十分な点を抱えている。個別の事例分析はしたものの，政策課題の設定については資料不足で十分に議論できなかった。また，事例分析の際，成功例と失敗例を比較しながら議論を進める必要もある。これらの問題については今後の課題としたい。

〔注〕
(1) 本章では市レベル以下の政府を基層政府とみなす。中央政府への対抗概念として使われる地方政府の概念に対し，基層政府は，行政サービスを提供する末端行政の意味で使われることが多い。利害紛争に関わるのは基層政府が多いことから本章では基層政府の概念を使う。
(2) PXとはパラキシレンを指し，工業用原料の一つである。
(3) ３つの事例の中で烏坎事件だけ特大都市ではなく中小規模の都市で発生した事例であるが，農村都市化と基層政治を理解するに当たって典型的な事例であることからあえて取り上げて比較する。
(4) 2009年に四川省成都市で発生した立ち退き紛争事件で，家屋の所有者である唐福珍氏は政府による強制立ち退き措置に対抗するために焼身自殺した。事件の詳細については『京華時報』(2009年12月３日付）を参考してほしい。
(5) 烏坎事件に関する記述は清華大学公共管理学院社会管理創新課題組(2012)，任哲（2013）および関連する新聞報道を参考にまとめたものである。
(6) これを集団の利益というべきか，それとも公共の利益というべきかについては更なる議論が必要であるが，ここではひとまず集団の利益として理解する。
(7) 事件が発生してから３年あまりの時間が経過したが，村人の「土地返還」要求は未だに実現できていない。村人は，前任の村長が譲渡したすべての土地を取り戻すことを最終目標としているが，これは陸豊市政府が受け入れられないものである。2012年に選挙で選ばれた村民委員会は2014年３月に任期を迎え，新たな村民委員会選挙が行われ，政府との対話を重視する穏健派の村長が予想通りに再選された。選挙前に話題となったのは，土地問題に対して強行姿勢を主張した中心人物のうち，１人がアメリカに亡命，２人が収賄問題で逮捕されたことである。
(8) 事例部分は『法制日報』(2009年12月21日付)，『中国青年報』(2009年12月28日付）の関連記事を参考に作成した。

(9) 紛争が発生する際，積極的に裁判所を利用する事例もあり，典型例が北京市通州区宋荘（song zhuang）鎮で発生した農民と画家の紛争である。農民は違法であることを知りながら建物を画家に売却したが，建物の価格が上昇すると自分の売却行為は違法であった裁判所に申し出て，建物を取り戻そうとしていた（「宋庄案還在開庭」,『南方週末』, 2008年3月13日付,「宋庄村民叛変討房，北京画家村騒動」,『城市商報』, 2007年12月20日付）。裁判所に関する研究として次の論文が参考になる。Pei Minxin (1997). "Citizens vs. Mandarins Administrative Litigation in China," *The China Quarterly*, (152): 832-862.

(10) 事件当時の広東省党書記（汪洋）と現在の党書記（胡春華）は烏坎事件を非常に重視しており，現地からの状況報告を毎週確認していたという（広東省政府関係者W氏への筆者インタビュー，2014年4月，広州市にて）。

〔参考文献〕

<中国語文献>
劉能 2004.「怨恨解釈，動因結構和理性選択—有関中国都市地区集体行為可能性的分析」『開放時代』(4) 56-81.
清華大学公共管理学院社会管理創新課題組 2012.「烏坎事件始末」『中国非営利評論』(10) 1-67.
王紹光 2006.「中国公共政策議程設置的模式」『中国社会科学』(5) 86-99.
王紹光・樊鵬 2012.「『集思広益型』決策：比較視野下的中国智庫」『中国図書評論』(8) 12-22.
于建嶸 2010.『抗争性政治：中国政治社会学基本問題』北京 人民出版社.
趙静・陳玲・薛瀾 2013.「地方政府的角色原型，利益選択和行為差異：一項基于政策過程研究的地方政府理論」『管理世界』(2) 90-106.
周飛舟 2012.『以利為利：財政関係與地方政府行為』上海：上海三聯書店.
鄭旭濤 2013.「予防式環境群体性事件的成因分析：以什邡，啓東，寧波事件為例」『東南学術』(3) 23-29.

<日本語文献>
角崎信也 2013.「中国の政治体制と『群体性事件』」鈴木隆・田中周編『転換期中国の政治と社会集団』国際書院 209-245.
田原史起 2009.「農地収用問題をめぐる政治的リスク」佐々木智弘編『現代中国の政治的安定』アジア経済研究所 33-57.
任哲 2012.『中国の土地政治——中央の政策と地方政府——』勁草書房.

──── 2013.「烏坎事件からみる中国の基層政治」『アジ研ワールドトレンド』(210) 3 月 56-64.

姚遠 2013.「中国都市部における社会運動と国家・社会関係の変容──歴史的町並み保存運動を例として──」鈴木隆・田中周編『転換期中国の政治と社会集団』国際書院 125-150.

＜英語文献＞

Bachrach, Peter and Morton S. Baratz. 1962. "Two Faces of Power," *The American Political Science Review* 56(4) Dec.: 947-952.

Cai, Yongshun 2010. *Collective Resistance in China: Why Popular Protests Succeed or Fail*, Stanford: Stanford University Press.

Crenson, Matthew A. 1971. *The Un-politics of Air Pollution: A Study of Non-decision-making in the Cities*. Baltimore: Johns Hopkins University Press.

Deng, Yanhua and Guobin Yang. 2013. "Pollution and Protest in China: Environmental Mobilization in Context," *The China Quarterly* (214) June: 321-336.

Ho, Peter and Richard Louis Edmonds, ed. 2008. *China's Embedded Activism: Opportunities and Constraints of a Social Movement*, London: Routledge.

Li, Lianjiang and Kevin J. O'Brien. 2008. "Protest Leadership in Rural China." *The China Quarterly* (193) Mar.: 1-23.

Shambaugh, David, ed. 1998. *Is China Unstable? Assessing the factors*, Armonk: M.E. Sharpe.

Stone, Clarence N. 2005. "Looking Back to Look Forward: Reflections on Urban Regime Analysis," *Urban Affairs Review* 40(3) Jan.: 309-341.

Wang, Zhengxu, Long Sun, Liuqing Xu, and Dragan Pavlicevic. 2013. "Leadership in China's Urban Middle Class Protest: The Movement to Protect Homeowners' Right in Beijing," *The China Quarterly* (214) June: 411-431.

Zweig, David 2003. "To the Courts or to the Barricades?: Can New Political Institutions Manage Rural Conflict?" In Chinese Society: Change, Conflict and Resistance. 2nd ed. Edited by Elizabeth Perry and Mark Selden. New York: Routledge 113-135.

第3章

中国の都市化プロセスにおける飛び級陳情

鐘　開斌

はじめに

　第1章と第2章では，都市化がもたらした社会問題およびそれに対する国家と社会の反応が議論の中心であった。その議論のなかで，頻繁に登場するキーワードのひとつが陳情であった。陳情（petition）あるいは類似している表現は他の国でもみられるが，文化的，制度的な深い意味をもたない。しかし，現代中国研究の重要なテーマである陳情問題は，他の地域ではみられない深い文化的，制度的な意味合いを有する。中国で都市化が急速に進む時期は陳情事件が著しく増える時期でもある。都市化に伴う土地譲渡，立ち退き補償が理由で陳情が増えることは前の各章で議論されたので，本章では陳情そのものについて制度的アプローチから議論したい。
　2005年に公布された「信訪条例」（陳情条例）によれば，「信訪」（ほかに上訪という言い方もあるが，ここではすべて陳情と訳す，以下同じ）とは「市民，法人あるいはその他の組織が，手紙，電子メール，ファクス，訪問などの方法で各級（県級以上）人民政府の陳情受付部門に意見あるいは苦情を述べ，それに対し，政府が法に基づき関連部門を通じて処理すること」を指す。広い意味では，人民政府以外に，各レベルの党委員会，裁判所，検察院および国有企業に対して行われる陳情行動も「信訪」に含まれる。
　陳情制度は中国独自のもので，権利の保護および民意の反映を目的とする

ものである。陳情制度と似ている制度としてオンブズマン制度がある。オンブズマン制度は，1809年のスウェーデン憲法に規定された「オンブズマン」（Ombudsman）に由来するもので，スウェーデンで初めて設立された[1]。その後，フィンランド，ノルウェー，イギリス，カナダ，フランスなど多くの国々がこれを見習い，議会内部あるいは行政組織の内部に相対的に独立した監督体制をつくり上げた。現在，ヨーロッパ連合（EU）のなかでもオンブズマン制度が採用されている。この制度の本来の目的は，司法ルートを通じて問題を解決できなかった一般市民に行政が救済措置を提供することである。この制度の設立は「悪い行政」による市民へ被害を最低限に抑える一種の試みであるが，司法に代わって紛争を解決するルートではない。

　中国の陳情問題に関する先行研究は膨大である。初期の陳情研究は，日々増加する集団抗争事件の対策を考えることが中心であった。大規模化する権利擁護行動に政府はいかに対応し，政治的な安定を実現するかというロジックで議論を展開することが多かった（尹・黄 2008）。しかし，近年の陳情に関する研究は対策を考案するものではなく，より学術的な研究へと変化し，なかでも以下の三つの側面に注目するようになっている。ひとつ目は，事件発生の原因およびその発展プロセスに注目し，参加者の行動を動態的に論理的に説明することである。最大の特徴は，農村コミュニティ内部の権力関係から陳情を分析することである（応 2001，鄭 2005）。ふたつ目は，陳情制度そのものを分析の対象とし，制度設計の問題，陳情行為の合法性と合理性について分析している（たとえば，祁 2007，趙 2003，胡 2007，于 2005）。三つ目は，集団行動への対応，社会のリスクマネジメント，社会的弱者の権益保護などガバナンスの側面を強調するものである。このように，先行研究ではミクロレベルの事例研究とマクロレベルの制度研究が中心であり，「なぜ集団陳情が発生するのか」「なぜ飛び級陳情が発生するのか」についての議論は不十分である。

　本研究の主たる目的とオリジナリティーは以下の三点にまとめられる。一点目は，集団陳情という特殊な形の陳情活動を研究対象とし，飛び級陳情の

背景に存在する制度的な問題を明らかにすること，二点目は，都市化の進展とともに増加する陳情活動とくに飛び級陳情活動の現況を検討すること，三点目は，「なぜ」という問題に注目し，「中央―地方―民衆」という三層政治の分析アプローチを用いて，飛び級陳情の行動ロジックを解釈すること，である。

　本章の構成は以下のとおりである。はじめにでは本章の問題意識と目的について述べた。第 1 節では，飛び級陳情の概念およびその発展の経緯を紹介する。第 2 節では，都市化と飛び級陳情の関係性を分析する。第 3 節では「中央―地方―民衆」という三層政治に注目する分析アプローチで飛び級陳情のメカニズムを分析する。最後に，本研究の結論および陳情問題の解決に向けての対策案を提示する。

第 1 節　飛び級陳情とは

　陳情は，中国共産党および政府が社会情勢や民意を理解するための「窓口」である。しかし，現在では，一番難しくて煩わしい業務となっている。本章が分析する飛び級陳情とは，陳情者が所在地の受付部門に陳情せず，上級政府に陳情することを指す[2]。さまざまな陳情活動のなかで，飛び級陳情は特殊な現象であり，陳情業務における焦点および難題でもある。行政レベルを飛び越えた陳情，繰り返し陳情，および集団的な飛び級陳情にかかわる業務は，各レベルの党・政府機関および司法機関にとって，非常にやっかいなものと考えられている。

　飛び級陳情には，次のようなものが含まれる。第 1 に，陳情者が，本来は下級の行政機関に陳情すべき事項を上級の行政機関に直接陳情すること。第 2 に，受理済み，または処理中の陳情事項について，陳情者が，同じ陳情事項を上級の行政機関に再提出すること。第 3 に，陳情者が，行政レベルの異なる複数の機関に陳情すること，または指定した場所以外で陳情すること。

第4に，陳情者が陳情に対する政府の決定を不服とし，同じ問題を上級の行政機関に再提出すること。第5に，陳情者が，関係部門以外に陳情すること（たとえば，行政機関に陳情するものを，人民代表大会に報告することなど），である。

　飛び級陳情は近年になって現れたわけではなく，古くから存在するものであるが，党および政府としては「やってほしくない」ことで，飛び級陳情を行った者が処罰を受けたという報道も多い[3]。管轄権限を飛び越えた陳情，あるいは，北京での陳情は規定に合わないだけではなく，問題が迅速に解決できる保障もない。中央政府は常に飛び級陳情に対して否定的な立場に立っている。2014年4月に，国家信訪局は「陳情受付手続き規定をいっそう強化し，法に基づく段階的陳情行為へ導く方法」（関於進一歩規範信訪事項受理弁理程序引導来訪人依法遂級走訪的弁法）を公布した。この通達によると，中央政府は，省レベルの関連部門に陳情せず中央の陳情受付部門に対して行う陳情，省レベルですでに受理され結果待ちの陳情，すでに法に基づいて最終結論が出た陳情などは受理しないとしている。この規定によると，陳情を受理するのは陳情者の所在地政府とひとつ上の上級政府のみである。このふたつの行政レベルを飛び越えた場合，上級政府は受理しないのが基本的な立場である。

　統計によると，2005年以降，集団陳情，繰り返し陳情を初めとする陳情の件数は減少傾向にあり，陳情の秩序も前の年に比べて明らかに好転している。しかし，都市化に伴う土地収用や立ち退き問題などを原因とする飛び級陳情は，依然として深刻である（鐘 2012）。中国の都市化過程が今後も続くことを考えると，飛び級陳情の問題はしばらく続くだろう。

第2節　都市化と飛び級陳情

　急速に進む都市化の過程で多発する紛争は飛び級陳情の原因となっている。

他方で，都市化に伴う情報通信設備の普及と道路交通の整備は，飛び級陳情のコストを削減し，陳情をよりスピーディなものにしている。

1．都市化の進展とともに増加する飛び級陳情

　大規模かつ急速に進む都市化はさまざまな社会的矛盾を引き起こす。飛び級陳情が社会から注目されるのも，このような社会矛盾を反映しているからである。

　飛び級陳情の数が大幅に増えるようになったのは90年代からであり，省政府の所在地や北京で飛び級陳情を行うケースが大きな割合を占めていた。『瞭望東方』誌によると，2002年7月1日から8月20日のわずか2カ月足らずの期間に，飛び級陳情を目的に共産党北京市委員会を訪れた人は，のべ1万9000人に達し，大人数で行う陳情（以下，集団陳情という）は347回に達したという。同じ時期に，共産党中央紀律検査委員会では飛び級陳情にきた人が，のべ1万人，集団陳情は453回に達し，1日平均で100人余り，最多で1日に152人に達し，改革開放以来，過去最多を記録したという（胡・姜 2003）。2009年，最高人民法院の陳情受付室（人民来訪接待室）で登録した上京陳情者の総数は，のべ6万7000人以上で，2008年に比べて24.8％増加した。そのうち飛び級陳情は，上京した陳情者総数の47％を，繰り返し陳情は，上京した陳情者総数の70％以上を占めていた（「進京越級訪和重複訪問題仍突出」『法制日報』，2010年11月19日付）。飛び級陳情の過程で，陳情者が，門や道路を封鎖したり，工事を阻止したり，職場を占拠するといった過激な行動を起こす事件も頻発しており，社会に悪影響を与えている。また，一部の地域では，党と政府機関が組織化された陳情者達によって襲われることが何度も発生している。さらに，暴力による威嚇，焼身自殺といった極端な方法で不満を表す陳情者もいる。

　都市化は，本質的には，農業人口の生産活動および生活様式が根本的に変わることを意味する。これは現代中国が抱えている多くの矛盾を解決する過

程でもあり，さまざまな紛争を引き起こす（王 2014）。飛び級陳情で取り上げられた問題をみると，過去に行われた農村改革，企業改革過程で残された問題を除くと，近年は，土地収用や立ち退き，労使紛争，環境汚染がおもな原因となっている。いずれも都市化の進展と密接に関係する分野であることから，ここではその発生原因を簡単に述べたい。

　第1に，土地収用と立ち退きである。経済学者の呉敬璉は「中国発展高層論壇」（China Development Forum）で，「土地の価格差（販売価格が徴収価格を大きく上回る）目当ての従来型の都市化は非常に多くの問題を引き起している。過去数十年間，このような都市開発を通じて，政府が獲得した資金は，少なく推計してもおよそ30兆ある」と述べた（「呉敬璉狠批造城運動 呼吁改革土地産権制度」，『新華網』，http://news.xinhuanet.com/fortune/2013-03/25/c_124497808.htm，2013年12月1日確認）。都市化を進める過程で，土地を失った農民（失地農民ともいう）は4000万人の規模まで膨らんでおり，その生活と社会保障問題は非常に深刻である。2010年以降，農村部における土地収用問題と都市部における立ち退き問題はもっとも重要な陳情理由となっている。都市に隣接する郊外では，正式な手続きを経ず農業用の土地を企業に貸し出す事例が多発しており，ここに党と政府の役員とその親戚が多くかかわっている。土地の貸し出しで得た収益は政府の役員，あるいは村の幹部によって横領され，農民には行き渡らないことが多い。「耕作する土地もない」，「働く場所もない」，「生活保障もない」といういわゆる「三無」の人々が都市化の進展とともに増加しているのである。近年，農民による集団陳情のうち70%以上が，土地の違法譲渡，土地の収益配分に対する不満に関連するものである。都市部では，一部の企業が市街地で許可なく改築・拡張工事を行い，地元住民と衝突する事例が増加している。国務院と関連部門では土地管理と立ち退きを規制する条例を相次いで公布したが，問題は依然として深刻である。

　第2に，労使紛争である。大規模な都市化によって多くの農民が都市に流入し，都市の労働市場で激しい競争が生まれた。それにともない，通常の労使紛争に加え，従業員の正常な権利が損害を受ける事例も多発している。

2008年のリーマンショック以降，農民工，リストラされた労働者，失業者が，飛び級陳情の主力となっている。統計によると，中国の農民工は1億5300万人，80年代以降に生まれた若い世代の農民工だけでも9000万人余り存在する。農民工が就業と生活の面で直面する戸籍制度の壁は高く，制度改革の声が過去にないほど高まっている。また，膨大な数の国有企業と集団所有企業の従業員，リストラされた労働者，および民営学校の元教師などは，いずれも組織的に行動を起こすか，飛び級陳情の方法で，問題を訴える傾向が強い。

　第3に，環境汚染である。都市化の進展とともに，交通渋滞，大気汚染，水資源不足といった問題が深刻化しており，現在のような都市化モデルは持続不可能であるという認識が広がっている。環境保護部の統計によると，環境破壊を原因とする集団騒動事件が，年々増加しているという。中国の経済発展は，ある意味で，自然生態の破壊，資源の浪費，生存空間の犠牲といった代価を払って成し遂げられたものともいえる。目先の利益ばかりを追求した経済成長の負の連鎖はすでに発生しており，飛び級陳情を引き起こす重要な要因にもなっている。

　このほか，農民工とその家族は，教育，就業，医療，年金，低家賃の賃貸住宅といった面で，都市住民の基本的公共サービスを平等に受けられない制度的な問題もある。このように，土地を失った農民の問題，農民工をめぐる戸籍制度の問題，立ち退き問題，土地収用問題といった問題は短時間で解決できるものではなく，陳情と飛び級陳情のおもな原因として今後も継続するであろう。

2．都市化が容易にする飛び級陳情

　都市化の進展とともに，交通ネットワークと情報化ネットワークも発達し，大・中・小都市と小さな町がより緊密につながるようになった。交通と通信インフラの急速な発展は，都市と農村の間，都市と都市の間，農村と農村の間の人の移動を便利にすると同時に，飛び級陳情をより容易にしている。

統計によると，2012年末までに，全国の道路総延長は423万7500キロメートルに達し，道路密度は100平方キロメートル当たり44.14キロメートルとなった。そのうち，高速道路の総延長は9万6200キロメートル，国道は17万3000キロメートル，農村道路（県道，郷道および村道を含む）は367万8400キロメートルに達している。うち，一般国道は10万5000キロメートル，国家高速道路は6万8000キロメートルである。また，全国の内航航路の総延長は12万5000キロメートルである。中国の自動車保有台数は2億4000万台，ドライバー数は2億6000万人に達している。全国で都市鉄道交通路線を開通した都市は合計17都市で，運営路線は合計で69路線，運営総延長は，約2064.2キロメートルに達している[4]。日々便利になる交通は，陳情者が，僻地の農村から省政府所在都市へ，さらには北京へ飛び級陳情を行うことを，より簡単に，そしてスピーディなものに変えている。

　情報技術の進歩により，政治のあり方にも変化が現れている。民衆がインターネットを通じて政策課題を設定できるようになっただけではなく，一連の行動プランを提起するようになった。民衆が各種の新興メディアを使う能力も情報技術の発展とともに大きく向上し，イデオロギーとさまざまなコンテクストに対し独自の判断基準をもてるようになっている（于 2012）。2013年6月末の時点で，中国のインターネットの利用者総数は5億9100万人，インターネットの普及率は44.1％に達し，そのうち携帯電話によるネット利用者はすでに4億6400万人で，ネットの利用者総数の78.5％を占めている[5]。かつて，陳情の主体は社会的弱者であり，アクセスできる情報の量も乏しかった。しかし，スマートフォン，タブレットといった情報端末の普及により，飛び級陳情の主体がアクセスできる情報量も大いに増えた。情報の共有・拡散の仕方も，口コミ，電話，ポケベルといったローエンドの情報技術から，微信（WeChat），微博（ウェイボー・ミニブログ）のような最新の情報通信技術へと変化している。ソーシャルメディアを利用して，自らの利益を主張し，世論の注目を集めることは多くの陳情者がとる方法である。そして，陳情者は自身が関心をもつ情報を積極的に拡散するだけではなく，関係者と情報を

共有しながら行動することもある。民衆が何らかの社会活動に参加するコストはかつてないほど低くなり，飛び級陳情の方法も大きく変化している（単 2009）。

　飛び級陳情者の大部分は，陳情経験が豊富で，さまざまな状況を熟知している。現在，各地の陳情部門の状況からみると，最も対応が難しく，時間と労力を費やすのが，飛び級陳情，繰り返し陳情を行う経験豊かな陳情者への対応である。なかには，道理をわきまえない飛び級陳情の「ベテラン」も含まれている。河南省を例に挙げると，2009年，陳情者が北京で繰り返し陳情を行う割合は41.80％，省政府所在地で繰り返し陳情を行う割合は42％に達していた（魯 2010, 10）。また，江西省贛県の2006年の飛び級陳情のうち，熟練陳情者による陳情は73回，のべ96人で，飛び級陳情の68％を占めている。ある陳情者は，1年にのべ6回も北京を訪れていた。

　陳情者の多くは，上級政府を動かすこと等を通じて基層政府に圧力を加えることで，要望を実現しようと考えている。上級の関連部門と責任者の関心を引くために，陳情者は往々にして「陳情するものの法律は信じない，上級政府を信じるものの下級政府は信じない，騒ぐものの説明は信じない」（中国語では，「信訪不信法，信上不信下，信閙不信解」，「騒がなければ解決せず，少し騒ぐと少しだけ解決し，大きく騒ぐと大々的に解決できる」（中国語表現は「不閙不解決，小閙小解決，大閙大解決」）という考え方に基づき，当局にとって敏感な時期に，敏感な場所で，敏感なテーマ（三つの敏感）を取り上げる。それゆえに，飛び級陳情の時期と場所には，一定の集中性や規則性がみられる。その時期は，重要なイベント（党大会，人民代表大会，政治協商会議など）の期間およびその前後であり，行う場所には，党と政府機関の近辺，テレビ局と新聞社，交通の要所および大使館・領事館といった特別な場所が選ばれるのである。

第3節　民衆の飛び級陳情の運用メカニズム——ひとつの分析枠組み——

飛び級陳情にかかわる各要素を「中央—地方—民衆」という三層に分けて分析すると，飛び級陳情は，民衆が要望を訴える特殊な形式として，次のような内在的ロジックを有することがわかる。

中央集権的な権力システムの下では，地方政府の権限と責任は非対称で，地方の官僚はあらゆる面で責任を負わされている。上から与えられた厳しい業績評価基準をクリアしようと，官僚は規則に従わず，その場かぎりの合理的な対応をとる。結果的には，官僚の不適切な対応と不作為により，基層レベルで陳情問題が大量に発生するのである。民衆は基層政府の官僚の行動を効果的に抑制できないので，上層に問題を訴え，「上から下に圧力をかける」ことを望む。そして，上層の中央政府は，底層の民衆と連携する「サンドイ

図3-1　中国の圧力型体制下の「三層相互作用」の関係

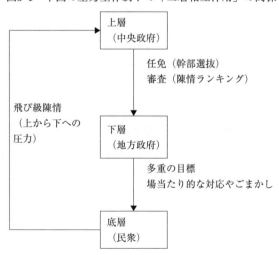

（出所）　筆者作成。

ッチ式戦略」で地方政府を牽制するのである（崔 1998, Fox 1993）。

飛び級陳情が多発し，都市化の進展が進むにつれさらに激化する制度的原因は，図3-1のイメージで表現できよう。飛び級陳情問題は，地方政府の不作為問題として現れるが，根本的には中央政府の制度設計の問題である。

1．圧力型体制

中国の改革は，中央政府がコントロール可能な範囲内での分権改革であり，「辺層啓動」（国家権力の周辺部から改革が始まる）と「内核調控」（改革の中身と速度は権力の核心部がコントロールできる範囲内で行われる）というふたつの典型的な特徴をもつ（徐 2003）。中国の地方政府は，行政組織と自治組織が結合したようなもので，国家権力を行使する際には政治的な自主性が強調される。一方で，国家行政システムの一部としての地方政府は，中央の下部組織または「代理組織」であり，その従属性が強調される（魏 2005）。中央政府は，一部の機能と権限を下級組織に与えたとしても，その権限を取り戻す権威と政策執行に干渉できる権威を常に留保している。したがって，中国でいう分権は，下級組織が恒久的に権力を保持する，または自らの意志で権力を行使できることを保証するものではない（Townsend and Womack 1992, 302）。

本章が「圧力型体制」と呼ぶ中国特有の権力システムは，このようなコントロール可能な分権改革の過程で徐々に形成されたものである。これは，各レベルの党と政府が，経済成長をはじめ，上級政府から与えられた目標を達成するために，任務を具体化，数量化し，政府の各部門に分担させ，期間内の達成状況に応じて政治的，物質的な奨励を行う仕組みである。目標の達成状況を評価する際，いくつかの重要な項目については「一票否決」制度が採用される。すなわち，重要な項目のうち，ひとつでも達成できなかった場合，担当責任者の当年度の業績評価はゼロになり，昇進奨励を受けることはできなくなる（栄・崔・王 1998, 25-30）。上級政府は高い目標を設定し，下級政府に圧力をかけると同時に，目標を達成した下級政府の官僚を昇進させるこ

とで，下級政府のモチベーションを高めていた。政治的圧力と行政命令を通じて，行政の末端である郷鎮レベルまで目標と任務を伝え，体制全体を動員する制度的特徴が徐々に形成されたのである（唐 2006）。

目標を達成するために，地方政府は課題を，プライオリティ，ハード，ソフトの3種類に分けている（ aich 2002, 92-96）。プライオリティ目標には，国策と政治的な意味合いの強いもの（たとえば，社会の安定維持やひとりっ子政策など）が含まれる。ハード目標には，経済成長率と税収増加率のような地方レベルで決定した目標が含まれる。そして，ソフト目標とは，社会の発展に関連するもので，教育，文化，衛生および環境保護などが含まれる。合理的に行動する地方の官僚にとって最も重要なのは，プライオリティ目標，ハード目標を達成することである。業績評価の基準をみると，プライオリティ目標とハード目標は数量化されているため，確認しやすい。一方で，ソフト目標は数量化されていないため，評価基準も曖昧である。経済成長は政治システムの安定に貢献するが，長期的な視点からみるとハンチントンがいう「正当性の衰退と業績のジレンマ」に陥る可能性もある（Huntington 1998, 58）。

圧力型体制の形成は，経済成長の圧力と開発イデオロギーの広がりとも関係する（欧陽 2011）。60年代と70年代の経済停滞を経験した中国にとって，いかに経済を発展させるかは最重要課題であった。経済を発展させるためには，安定した政治社会環境が必要である。そして，経済が発展し，民衆の生活水準も向上すると，さらなる安定につながるのである。経済さえ発展すれば問題は自然に解決できるという「経済成長至上」の認識が，90年代から政府と民間の共通認識となったのである（渠・周・応 2009）。

三層間の相互作用——底層の民衆，間の地方政府，上層の中央政府——

ここで，飛び級陳情に対する地方政府，民衆と中央政府の対応を検討してみよう。

(1) 地方政府の対応

2003年に行われた国家信訪局の調査によると，民衆による陳情，とくに集団陳情者が訴える問題には，4つの「80％」が存在するという。第1に，80％以上の訴えは，改革開放政策が実施される過程で発生した問題であること。第2に，80％以上の問題は道理にかなっており，解決されるべき問題であること。第3に，80％以上の問題は，各レベルの党委員会や政府の努力によって解決できるものであること。第4に，80％以上の問題は，基層で解決すべきか，または解決できる問題だということである（王・黄 2003）。2010年，全国で600万件余りの陳情があった。提案や繰り返し陳情といった事項を除くと，50.8％の陳情は行政が法律を守らなかったことを起因とする。河南省での状況をみると，全国平均以上に深刻な状況となっている。2009年，河南省政府所在地への飛び級陳情のうち，県レベル以下の政府の問題を訴えた陳情が93％，北京への飛び級陳情のうち市レベル以下の政府の問題を訴えた陳情が94％をも占めていた（魯 2010, 10）。これは，行政の違法行為が，陳情を生み出す最も重要な原因になっていることを物語っている。言い換えると，法に基づく行政および法による支配（rule of law）を強化することで解決できる可能性が大きいのである。

問題は，権力ヒエラルキーシステムのなかで，場当たり的な対応やごまかしが半ば制度化されただけではなく，その存在が合理的な一面をもつことにある（制度與結構変遷研究組1997，応・晋 2000）。上でも述べたように，改革開放以後の中国では，経済発展を通じて，社会の安定と政治の安定を推進することに重点がおかれていた（徐 2000）。経済優先の発展戦略を実現するには，地方の官僚は官僚であると同時に，企業家の役割も果たさなければならない。どちらかというと，地方の官僚は財政収入の増加および就業機会の拡大といった経済発展と密接に関連する仕事に没頭していた（Gore 1998, 102-110）。一方で，地方政府は域内のガバナンスにかかわるすべての問題に責任を負っている。地方政府にとってみれば，無限大の責任をすべて負うことは不可能であり，自身の利益と密接にかかわる目標や任務を取捨選択しなけれ

ばならない。したがって，上級政府の意図どおりに政策を忠実に執行できず，場当たり的な対応やごまかしで乗り切るのである（Shirk 1992）。

　こうした状況下で，地方政府は，土木工事のような目にみえる実績つくりを「合理的に」選択し，目にみえない実績（環境保護など）作りを軽視し，民衆の利益への配慮を怠る。たとえば，一部の地方官僚は，都市化を単純に立ち退きや土地収用と同じものと考え，多くの農民を無理やり集合住宅へ移住させてきた。要するに，地方の経済成長は実現できたものの，多くの社会問題を放置した状況が続いてきたのである。

(2) 民衆の心理

　陳情者は，権力が大きくて地位の高い人が，権力が小さく地位の低い人の行為を是正することを望み，飛び級陳情を行う。中央集権的な国家では，陳情者は権力が大きくて地位の高い人に接近する傾向が強い。そして，権力が大きい人ほど，問題の解決を迅速にできる可能性が高い。したがって，陳情者が下級組織への陳情では当初の目的を達成できなかった場合，最終的には飛び級陳情を行うのである。言い換えると，飛び級陳情は，通常の陳情制度が十分に機能しなかった結果でもある。

　中国の民衆の政府に対する信頼度は，行政レベルが下がるほど低くなるという傾向がある[6]。中国の農村で流行している民謡には，「中央は恩人，省（の役人）は親戚，県（の役人）は善人，郷（の役人）は悪人，村（の役人）は敵」という歌詞がある。『小康』雑誌が2007年に行った調査によると，多くの回答者が，中央政府を信用していると回答した。一方で，70％を超える回答者が，地方政府を信用していないと回答した。地方政府は「真実を隠蔽し，都合の悪い情報を報告しない」と多くの回答者は理解していた（朱・周 2011）。陳情先の都市で長く滞在する多くの陳情者は，基層政府の対応と判断の公平性に失望する一方で，「清廉で賢明な官僚が現れ，民衆を助けてくれる」という強い信念をもっている。一部の人は，「お上崇拝」，「権力への崇拝」，「清廉な官僚への尊崇」という心理をもち，陳情の参加人数がより

多く，規模がより大きく，レベルがより高いほど，上から下へと圧力がかかり，問題をより容易に解決でき，より大きな圧力を加えれば，問題をより早く解決できると考えている。結果として，個別の民衆が問題を反映する際，基層政府に向かうのではなく，とりあえず上級政府に話してみるという現象が現れている。

　中国社会科学院の陳情実証調査報告によると，飛び級陳情によって問題が解決できたのはわずか2％で，90.5％の民衆が，飛び級陳情を行うのは「中央政府に状況を知らせるため」であり，88.5％は「地方政府に圧力をかけるため」であるという（于 2004）。陳情した問題が長い間解決されない場合，飛び級陳情を行う民衆の大多数は，基層政府に対する不信感，基層幹部に対する強い敵対心をもつようになる。そして，基層では解決できなかった問題が，飛び級陳情によって初めて重視されるようになったと単純に理解しがちである。

(3)　中央政府の権限

　中央による人事権の掌握は，地方に対する有効なコントロールを保証するものである。中央は，地方の党・政府機関に対して具体的な政策目標を提示し，その達成状況に応じて官僚の賞罰を行う。中央政府はおもに省政府を対象に，省政府はおもに市政府と県政府を対象に，市・県政府は区・郷鎮政府を対象にその人事権を行使している。一部の重要な項目については「一票否決」制度を導入することで，地方政府の行動を制限している。

　2005年5月1日より施行された最新の「陳情条例」第7条は，「各レベルの人民政府は，健全な責任体制を構築し，職務怠慢や汚職行為に対して関連の法律と規定に基づき，関係者の責任を追及すると同時に，一定の範囲内で報告しなければならない。また，各レベルの人民政府は，業績評価を公務員の評価システムに取り入れなければならない」と規定した。これを元に，中央政府は陳情事件の責任を追及するさまざまな仕組みを構築した。飛び級陳情を減少させようと，地域別の陳情事件を集計しランキングを付けることで，

地方に圧力をかけるのがその典型である。一部の地域では，飛び級陳情者（集団的な飛び級陳情を含む）の数や回数，繰り返し陳情の回数を，下級政府の業績を評価する基準のひとつとしている。とくに，県レベル以下においては，党と政府の責任者は陳情問題の責任者でもあり，域内の住民が北京へ陳情に行った回数と幹部の昇進は直接リンクしている(7)。

このように，業績評価は地方政府にとって大きなプレッシャーであり，地方政府はその対応に追われている。飛び級陳情を許さない政府もあれば，「飛び級陳情なし」を業績評価の基準とする地域も多い。政府が公的な権力を行使して，陳情を妨害するだけではなく，拘束，罰金，有罪判決，連座などの方法も使われる。地方政府は業績評価には対応できたものの，抱えている実質的な問題は解決されないままである。その結果，飛び級陳情で民衆が訴える問題は，長期間放置されることが多く，「小さな問題」が蓄積して「大きな問題」へとエスカレートするのである。

おわりに

本章では，「中央―地方―民衆」という三層に注目するアプローチで飛び級陳情の発生メカニズムを分析した。中央は，経済成長と社会安定にかかわるさまざまな目標を地方政府に提示すると同時に，目標の達成状況を基準に官僚の仕事ぶりを評価する。経済成長と社会安定を両立させることが理想的であるが，できない場合も多い。地方政府は常にこの矛盾を抱えながら，上から与えられた目標をクリアすることをめざす。目標には優先順位が付けられており，社会問題の解決は経済成長に比べ順位が低く，軽視されることが多い。その結果，多くの社会問題は地方レベルで解決されず，民衆の不満も飛び級陳情の形で現れるのである。

飛び級陳情の問題を解決するには，現在の「圧力型体制」を調整し，中央，地方と民衆の関係を適切なものへと改めていく必要がある。最も重要なこと

は，権力と責任の均衡という原則に基づき，中央政府による制度設計のもとで生じている地方政府の権限と責任の間のアンバランスを解消することである。たとえば，業績評価基準を変更し，地方政府が積極的に陳情問題を解決できるような環境を整えることが望ましい。同時に，民衆がガバナンスに参加できるような制度作りも必要である。民衆により大きな発言権と利益を訴える空間を与えることで，行政の違法行為を抑制することが期待できる。

　本章で取り上げた「中央—地方—民衆」という三層の政治分析は，簡略化した分析モデルにすぎず，三者の行動様式を解明するまでには至っていない。そして，飛び級陳情の問題をどのように解決するかについての具体的な議論も提示できてはいない。この分析モデルをより充実させるには，個別の事例に対する「深い描写」(deep description)だけではなく，より多くの比較研究が必要とされるが，これは今後の課題としたい。

〔注〕
(1) オンブズマンとは，最高裁判所（或いは最高行政裁判所）の裁判長になりうる資格を有する者から選出され，市民の自由と権利を守ることを使命とする専門職員である。オンブズマンの任期は四年（再任可能）で，定年退職の年齢制限はない。オンブズマンは毎年議会へ年度報告を提出し，議会での審査を受ける。オンブズマンが議会の信頼を得られなかった場合，議会での投票（過半数）によって解任される。
(2) 「飛び級陳情」という表現が公式な場で使われるようになったのは，2004年4月に湖南省長沙市で開催された「全国越級信訪工作会議」からである（陳 2010, 131-133）。
(3) 2013年11月，河北省石家荘公安局は，「関於依法処置信訪活動中違法犯罪行為的実施意見」（陳情活動における違法犯罪行為を法に基づき処置することに関する意見）を発表し，陳情活動における違法行為を明文化した。具体的には，天安門広場や中南海周辺，外国大使館エリア，中央指導者の居住地などの陳情を受理する機関でない重点地区を訪れて陳情する場合，または，外国大使館エリアにおいて「外国機関に陳情（中国語「告洋状」）」する場合，公安機関は，「治安管理処罰法」に基づき陳情者を処罰することができる（「石家荘規定到天安門広場非法上訪将被処罰」『燕趙晩報』，2013年11月23日付）。
(4) 交通運輸部総合計画司：「交通概況」，(http://www.moc.gov.cn/zhuzhan/jiao-

tonggaikuang/fazhanzongshu/jiaotongfazhan_GK/201306/t20130624_1437582.html，2013年12月15日確認）。
(5) 中国インターネット情報センター：「第32次中国互聯網絡発展状況統計報告」，（http://www.cnnic.net.cn/hlwfzyj/hlwxzbg/hlwtjbg/201307/t20130717_40664.htm，2013年12月15日確認）。
(6) 政府の業務パフォーマンスとサービス水準に関する調査結果によると，行政レベルが低いほど住民の満足度も低かった。中央，省（直轄市），区県，郷鎮（街道弁事処）といった四層の業務パフォーマンスとサービス水準に対する不満度の割合はそれぞれ8.9%，19.1%，42.1%，51.6%であり，満足度の割合はそれぞれ86.1%，75.0%，52.0%，43.6%であった。都市と農村関係なく似た傾向が見られた（「零点調査顕示中国居民対中央政府満意度最高」『中華工商時報』，2004年3月5日付）。
(7) 2013年3月以後，現時点まで，国家信訪局の各省（市，区）の「正常ではない陳情」者の延べ人数に関するランキングはまだ発表されていない。その一方で，一部の地方では，陳情査定とランキングの取消を始めた（「国家信訪局『信訪排名』已暫停数月」，『南方都市報』，2013年5月8日付）。

〔参考文献〕

＜中国語文献＞

陳克剛 2010.「如何看待渉訴信訪中的越級訪」『雲南大学学報（法学版）』(5) 131-133.

崔之元 1998.「『混合憲法』与対中国政治的三層分析」『戦略与管理』(3) 60-65.

胡奎・姜抒 2003.「2003中国遭遇信訪洪峰：新領導人面臨非常考験」『瞭望東方週刊』(12) 8-10.

胡栄 2007.「農民上訪与政治信任的流失」『社会学研究』(3) 39-55.

魯勝利 2010.「河南省群衆越級上訪処置工作研究」（鄭州大学修士論文，2010年提出）

馬凱 2012.「転変城鎮化発展方式 提高城鎮化発展質量 走出一条中国特色城鎮化道路」『国家行政学院学報』(5) 4-12.

欧陽静 2011.「圧力型体制与郷鎮的策略主義邏輯」『経済社会体制比較』(3) 116-122.

彭述剛 2007「信訪機構在信訪工作責任追究中的角色定位：中国信訪制度与各国（地区）審訴専員制度的比較分析」『法治論叢（上海政法学院学報）』(3) 20-24.

祁冬濤 2007.「政治参与視角下的集体上訪和村民自治：対当代中国農村政治参与和制度性変遷的個案研究」呉毅主編『郷村中国評論 2』済南：山東人民出版社.
渠敬東・周飛舟・応星 2009.「従総体支配到技術治理 基於中国 30 年改革経験的社会学分析」『中国社会科学』(6) 104-126.
栄敬本・崔之元・王拴全 1998.『従圧力型体制向民主合作体制的転換：県郷両級政治体制改革』, 北京 中央編訳出版社.
単光鼐 2009.「当前群体性事件新特点和応対之道」『時事報告』(11) 30-33.
唐海華 2006.「「圧力型体制」与中国的政治発展」『寧波市委党校学報』(1) 22-28.
王浦劬 2014.「新型城鎮化，社会矛盾与公共政策：基於行政信訪的視角」『北京行政学院学報』(1) 28-36.
王永前・黄海燕 2003.「国家信訪局局長：80% 上訪有道理」『半月談』(22) 27-28.
魏紅英 2005.「憲政架構下的中国地方政府模式分析」『華中師範大学学報（人文社会科学版）』44(3) 73-78.
徐湘林 2000.「以政治穏定為基礎的中国漸進政治改革」『戦略与管理』(5) 16-26.
徐勇 2003.「内核—辺層：可控的放権式改革：対中国改革的政治学解読」『開放時代』(1) 98-112.
尹利民・黄成華 2008.「当前我国信訪研究的演進与転向」『南昌大学学報（人文社会科学版）』(1) 49-54.
応星 2001.『大河移民上訪的故事』北京 三聯書店.
応星・晋軍 2000.「集体上訪中的「問題化」過程：西南一個水電站的移民故事」『清華社会学評論』（特集号）80-107.
于建嶸 2004.「信訪的制度性缺失及其政治後果：関於信訪制度改革的調査」『鳳凰週刊』(32) 50-53.
―――2005.「中国信訪制度批判」『中国改革』(2) 26-28.
―――2012.「当前圧力維穏的困境与出路：再論中国社会的剛性穏定」『探索与争鳴』(9) 3-6.
趙樹凱 2003.「上訪事件和信訪体系：関於農民進京上訪問題的調査分析」, 徐勇編『三農中国（2003冬季巻）』武漢 湖北人民出版社.
鄭欣 2005『郷村政治中的博弈生存』北京 中国社会科学出版社.
制度與結構変遷研究課題組 1997.「作為制度運作和制度変遷方式的変通」『中国社会科学季刊』（香港）冬季巻 (21) 45-68.
鐘開斌 2012.「越級上訪：特点，成因，及其治理」『理論探討』(1) 14-18.
朱光磊・周望 2011.「在転変政府職能的過程中提高政府公信力」『中国人民大学学報』(3) 120-128.
Townsend, James R. and Brantly Womack1992. 顧速・董方訳『中国政治』南京 江蘇人民出版社. (James R. Townsend, and Brantly Womack. *Politics in China*. 3rd

ed. Boston: Little Brown, 1986)

Huntington, Samuel P. 1998. 劉軍寧訳『第三波――20世紀後期民主化浪潮――』上海 上海三聯書店(Samuel P. Huntington. *The Third Wave: Democratization in the Late Twentieth Century*. Norman : University of Oklahoma Press. 1991).

＜英語文献＞

Fox, Jonathan. 1993. *The Politics of Food in Mexico: State Power and Social Mobilization*. Ithaca: Cornell University Press.

Gore, Lance L. P. 1998. *Market Communism: The Institutional Foundation of China's Post-Mao Hyper-Growth*. Hong Kong: Oxford University Press.

Saich, Tony. 2002. "The Blind Man and the Elephant: Analyzing the Local State in China," In *East Asian Capitalism: Conflicts, Growth and Crisis*, edited by Luigi Tomba. Milan: Annale Feltrinelli, 92-96.

Shirk, Susan L. 1992. "The Chinese Political System and the Political Strategy of Economic Reform." In *Bureaucracy, Politics, and Decision Making in Post-Mao China*, edited by Kenneth G. Lieberthal and David M. Lampton. Berkeley: University of California Press, 59-91.

第4章

中国のタクシー業界にみる都市化
——拡張,緊張,管理メカニズム——

呉　茂松

はじめに

　改革開放政策の実施以来,「都市化」は工業化,市場化,情報化,グローバル化とともに,中国の経済社会変動のダイナミズムを生み出している要素のひとつである。今までの都市化の進展状況については,序章で紹介した。2013年から本格的にスタートした習近平・李克強政権も,今後数十年の中国の経済発展の潜在的な原動力として都市化を位置づけ,その加速にいっそう力を入れようとしている[1]。

　だが,都市化が中国にもたらしたのは経済成長だけではなかった。都市化の内実である都市空間の拡張,都市人口の膨張と同時に,従来の利益構造と社会秩序の再編,関連制度の調整も行われた。しかし,それに起因する利益主体間の衝突などの緊張関係も深刻化し,社会の不安定要素のひとつになっている。都市化を積極的に推進している政府にとっては,都市化の影ともいえるさまざまな問題をいかに処理するのか,とりわけ新たな利益主体による諸要求などをいかに政策決定過程に取り入れ,有効な管理メカニズムを構築するのかは,重要な課題となっている。

　都市化に内在する社会的,政治的な問題は,新興産業であるタクシー[2]業界においても顕著に表れた。タクシー産業の発展と,それに対する政府の管

理規制が行われるなか，運転手，企業，政府の間には，さまざまな権益をめぐる争議事件が多発している。本章は，中国の都市化の進展とともに生まれ，発展してきた都市の公共交通手段のひとつであるタクシー業界に焦点を当て，この領域における産業の発展の経緯，業界内部の労使関係を含む緊張状態，政府の関連政策，制度を分析するとともに，現在抱えている問題点を指摘し，中国の都市化が抱える諸問題を明らかにすることを目的とする。

タクシー業界に着目した契機は，近年，各地で多発したタクシーの運転手によるストライキ事件[3]について調べるなかで，その背景にある都市化について考えたことにある。新しい公共交通手段に対する社会的なニーズに応じて生まれたタクシー産業に対して，当初から中央政府は大まかな管理方針を提示しただけで，具体的な政策は各地方政府を中心に展開してきた。結果的に，タクシーは都市市民生活に定着し，その産業規模は拡大したものの，業界内部では従業員と企業，また政府との間に，利益配分，管理体制などをめぐってさまざまな緊張関係が生じた。タクシー業界にみられる諸問題は，都市化が中国社会にもたらした諸問題と，その様相も性質も類似するところがある。その意味で，都市化といった大きな枠組みからではなく，都市化のひとつの縮図ともとらえることができるタクシー業界に着目し，詳細に分析することを通じて，中国の都市化の諸課題を考察するアプローチも採用可能であろう。

都市化とタクシー業界との関連を論じた研究は少なく，都市化と産業化の相関関係を経済学的に分析した研究には加藤（2012）がある。また，タクシー業界に限定した先行研究には次のようなものがある。タクシー産業の独占構造，運転手の労働条件，営業環境などの実態を解明し，関連政策，管理体制の問題点を指摘した王（2002），タクシー産業における政府管理規制，タクシー産業の発展モデルについて，経済学的なアプローチで分析した伝知行社会経済研究所（2011; 2013），陳（2006），運転手たちの利益表出チャンネルと組織化に関する社会学的なアプローチをとった張（2005）などである。とくに伝知行社会経済研究所は，中国のタクシー業界の改革について定期的

に研究リポートを発信している。しかし、運転手たちの維権[4]行為の発生要因、その目的、手段、動員構造および政治への影響についての分析はまだ見当たらない。これらの問題を全体的に解明するには、政治学からのアプローチも必要となってくる。

　本章は、まず、タクシー産業の発展と定着の概況、政府の管理方式と問題点を指摘したうえで、タクシー業界における諸争議事件、とりわけ会社と運転手たちの間の争議事件の内実を明らかにする（第1節）。つぎに、運転手は自分の権益を守るためにどのように行動し（第2節）、それがどのような影響をもたらしているのかについて詳細に説明する（第3節）。とくに第2、3節において具体的に解明する問題は、①多発している争議事件と産業構造、政府の管理規制との関係、②運転手の維権行為はどのように形成され、またその目標、方式、手段、性質はどのようなものなのか、③維権行為が政策過程、政府の対応に与える影響、すなわち、維権行為の政治的な意義についての分析である。

　本章では、先行研究、メディア情報に加え、6回にわたる現地調査[5]から入手した一次、二次資料を分析の題材として併用する。調査は個別の事例を追跡し、その関係者に聞き取りを行う定性調査法をとった。

　本章では、運転手たちの維権行為を、直訴、陳情、司法への訴えなどの個人的抵抗、ストライキを含む集合行為、社会運動、革命または制度内浸透・吸収という段階的文脈のなかでとらえる。また、政策課題形成、政策審議、政策決定、政策執行、政策評価、政策変化という一連の過程をもって政策過程と称する。ここでいう争議には、労使間の争議だけではなく、タクシーの営業権の管理などをめぐる政府と事業者との間の争議も含まれる。なお、本論では、旅客運輸のサービスを提供する交通事業をタクシー産業と表現し、タクシー業に関連する個人、法人事業者、運転手、仲介会社などを含む全体をタクシー業界と表現する。

　新聞資料、先行研究に個別事例の紹介、分析が散見されるのに対し、ここでは、それらを整合する形で、タクシー運転手の維権行為について経験的な

分析を行い[6]，その共通性，普遍性を考察することとする。

第1節　タクシー産業の概況，政府管理，問題点

1．発展概況

　国家統計局が2008年に公表したデータ[7]によれば，2007年末まで，全国各都市で登録されているタクシー総台数は95万9668台で，従業員は200万人，年間旅客運搬人員は213億人に上り，タクシーは公共バス，電車，地下鉄に並ぶ公共交通手段のひとつとして市民生活に定着している。2012年末の全国各地域のタクシー台数は表4-1のとおりである。

　建国直後，北京市，上海市などの大都市では，数社の国営タクシー会社が

表4-1　全国各地域タクシーの数（2012年）

地域	車両の数	地域	車両の数
全国	1,026,678	河南省	45,518
北京市	66,646	湖北省	33,520
天津市	31,940	湖南省	24,031
河北省	40,130	広東省	62,243
山西省	29,700	広西チワン族自治区	15,015
内モンゴル自治区	37,778	海南省	4,998
遼寧省	79,868	重慶市	15,520
吉林省	55,457	四川省	31,818
黒竜江省	62,651	貴州省	13,266
上海市	50,683	雲南省	17,302
江蘇省	47,269	チベット自治区	1,379
浙江省	34,165	陝西省	22,657
安徽省	37,142	甘粛省	19,324
福建省	18,325	青海省	7,119
江西省	11,998	寧夏回族自治区	13,107
山東省	58,578	新疆ウイグル自治区	28,351

（出所）　国家統計局（2014）より作成。

存在したものの，タクシー産業は，改革開放の初期に一部の都市が国営の交通運輸会社と旅行社に依頼して営業を開始したことに始まる。経済発展とともに旅客運輸に対するニーズも高まるなか，国営企業の新車両への投資能力に限界がある状況をふまえて，1985年，建設部は国務院の名義で，タクシー業界に対する「統一管理，複数社経営（多者経営）」の管理方針を打ち出し，「国営企業を主力に，非専門旅客運輸部門，企業，事業単位[8]，個人の参加を支持する」（「国務院批転城郷建設環境保護部関於改革城市公共交通工作報告的通知」国務院国弁 1985 59号）と決めた。各地方政府はタクシー業務に必要な基本条件が整っていれば，管理部門による審査を経て，タクシーの営業許可証（経営牌照，以下，営業権）とサービス資格証を運転手に授与した。その後，個人タクシーが急増し，89年までの各都市における個人タクシーの割合は，ハルビン市で65％，上海市で25％，武漢市で50％，西安市で63％に達した（「関於加強城市個体出租汽車管理工作的通知」建設部 1989 198号）。92年前後，各地でタクシー事業者に対する審査制限がさらに緩和され，1, 2年の間に，タクシーの数と種類は急速に増加し，「爆発的」な発展を遂げた（「国務院発展研究中心関於出租汽車的研究」『中国経済時報』2008年11月14日）。

　ところが，利用者へのサービスの劣化，車両の急増による交通渋滞，他の公共交通手段とのアンバランスなどの問題が浮上した。その対策として，1993年から各地方政府はタクシー経営の権利を「都市部の公共資源」として位置づけ，市場に参入するタクシーの台数，営業権に関する有償使用，会社経営方式の導入などの経営方式の改革に着手した（「関於我国出租汽車行業管理和発展若干重要問題的研究」『中国経済時報』2008年11月14日）。99年，国務院はタクシーの総台数をコントロールし，企業経営を奨励する反面，個人経営を制限する政策に方針転換した（陳 2006, 49）。とはいえ，全国一律で実施されたのではなく，北京，上海などの大都市を除いて，中小都市での個人タクシーの経営は厳しく制限されず，温州市，鄭州市などでは，個人タクシー経営が主流の産業構造が生まれた。

　タクシー産業全体の発展経緯を概観すると，各地の発展初期段階の形式は

類似しているものの,その後の進捗状況には時差が存在し,一律に論じることは困難である。地方政府が当該地域の経済発展状況に応じて関連政策を策定,実施したために,タクシー営業権の配布状況,使用年限,運賃設定などは地域により大きく異なる。

2．政府管理の方針,管理体制,規制内容

1988年,建設部,公安部,国家旅行局の連名で発令された「都市部のタクシー業務管理暫定方法」(「城市出租汽車管理暫定弁法」)では,都市部におけるタクシー業務の具体的な管理は地方政府が制定・実施し,「営業許可証」の授与による市場参入の管理方法,価格は各地方政府が定めると規定された。この条例では,中国のタクシー業務管理は,中央が関連法律,法規を制定し,地方政府が現地の実情に基づいて,具体的な政策を制定,実施することが明記された(陳 2006, 46-48)。これがタクシー業界に対する政府の基本方針である。タクシー業界に対する政府の管理には,国務院と地方のふたつのレベルがある。97年,建設部が発令した「都市部のタクシー業務管理方法」(「城市出租汽車管理弁法」)では,「国務院の建設部門が全国都市のタクシー業務を主管し,県以上の人民政府の都市建設部門は当該管轄区に対するタクシー業務を管理する。具体的な業務は旅客運輸部門に委託する」と規定された。したがって,中央における主管官庁は建設部であり,地方では,「交通委員会」あるいは「道路運輸管理処」が直接管理をするようになった。

実務管理に当たり,実効力をもったのは地方の政策であって,建設部門はタクシー業界に関する中央の主管部門であるとされていたが,指導的な機能しかなかった。なぜなら,地方の政策は地方人民代表大会(以下,人代)の議決によって合法性が与えられているため,地方の政策の方が部門条例より法律権限上の地位が高いためであった(帥・宗 2008, 33)。

そのほか,建設部を業務主管部門にもつタクシー業界団体である「中国タクシーとタクシーリース協会」は基本的に政府管理の延長にある組織であり,

タクシー会社のオーナーと政府が融合した団体であった。

政府のタクシー業界に対する規制にはおもに次の3つがある（伝知行社会経済研究所 2011; 2013）。タクシー産業に参入する経営主体に対する「審査制度」，各都市の公共交通に投入するタクシー総車両台数を決め，それに達した場合，タクシー営業権の配分を凍結する「量的統制」，タクシー運賃と管理費を政府が規定する「価格管理」である。そのほかに運転手の運転資格証の管理，車両に対する安全規定管理なども政府の管轄範囲にある。

(1) タクシー業界の構造，経営モデル，問題点

タクシー産業に参加するための基本条件は，タクシーの車両の確保と営業権の取得のふたつである。

車両については，市場からの購入と工場からのレンタルのふたつの形式があるが，上述したように，初期段階においては，多くの人は個人投資で車両を購入した。営業権は政府に申請し，審査を経て取得するが，配分方式，譲渡の有償と無償，営業権の使用期間などについては全国の統一した規定はなかった。政府の営業権の譲渡方式には，基本的に，行政配分[9]，入札，競売の3つがあった。まず，中国のタクシー産業の経営モデルを，経営主体，車両の所属関係，営業権の所属関係，および会社と運転手との関係を基準に分類するとき，おおむね表4-2のような3つの経営モデルに分類できる。多くの都市では3つの経営モデルが併存するが，温州市，鄭州市，太原市などは個人タクシーが主流となっている。

2008年初めに国務院発展研究センターが公表したタクシー業界に関する調査報告書では，タクシー業界に存在する問題について次の5つにまとめられた。①タクシーの市場参入に関する審査制度の非合理性，②タクシー営業権に関する管理の乱れ，③「白タク」の取り締まり不十分による営業秩序の乱れ，④タクシー会社と従業員との関係の不明瞭さ，⑤運転手の労働負担の過重・低収入，業界管理システムの不完全，公共交通手段に対する法律の不備である（「国務院発展研究中心関於出租汽車的研究」『中国経済時報』2008年11月

表4-2 所有権,営業権の所属関係に見るタクシー産業の経営モデル

経営方式	所有権	営業権	会社と運転手との関係
請負制経営 (会社自営, 合作経営)	会社	会社 (個人)	運転者は会社と,請負契約と労働契約の2つを締結し,会社から車両,営業権のリースを受ける。会社に「リスク負担金」を支払う以外に,「管理費」(中国語:車份)を上納し,営業に参加。歩合制による収入で,「上納金」以外は個人所得となる。
名板貸経営 (掛靠経営)	個人	個人 (会社)	会社に管理費(多項目),登録費,保証金を支払い,会社の名義で営業に参加。歩合制による収入で,「上納金」以外は個人所得となる。
個人経営	個人	個人	会社との業務関係はなく,管理部門に管理費を支払い,営業に参加。運転手を雇い,オーナーは管理費だけを徴収する。直接営業に当たる運転手は歩合制による収入で,「上納金」以外は個人所得である。

(出所) 張(2005, 18)を参考に筆者作成。

14日)。

　このような産業構造のなかで,最も不利益を受けるのは運転手である。まず,歩合制により会社に支払う上納金,管理費が高いため長時間の勤務を強いられるにもかかわらず,収入は低い。2004年,200数人を対象に行われた調査では,1日平均14時間の勤務で,毎月の勤務時間が法定勤務時間より168時間も超過しているという結果が出た[10]。同じく,04年に行われた運転手9000人を対象にした健康調査によれば,92.8％が健康問題を抱えていた[11]。さらに,運転中の過労死に関する報道も多くみられる。

　運転手の収入が低い原因には,会社に支払う管理費が高いことに加えて,「白タク」,「輪タク」の氾濫による旅客運輸市場における正規営業に対する圧迫が挙げられる[12]。

　さらに,管理部門の多種目管理費と罰金による営業のコストの増加が運転手の収入に直接影響を与えているという。これについては,国務院発展研究センターの報告書にも次のような指摘がある。「政府側の問題は,タクシー業務の管理部門と管理機構が統一されず,その性格も明確ではないことである。各都市では,都市建設部の傘下に少人数で組織されたタクシー管理処が

あり，その下にタクシー管理センター，あるいはタクシー監視センターがある。これらの機構の組織編制，規模，経費出所などは異なる。大多数の大都市の管理機構は行政部門あるいは経費が全額支給される事業部門であるが，中，小都市の管理機構は自ら収支決算をする事業部門である。人員が不足していることと経費が支給されないことは，管理能力に直接悪影響を与えた。これもまた『さまざまな名目をもって費用を徴収する（規則外の費用徴収あるいは違法徴収）』こと，『罰金による管理』などの問題を生み出す重要な原因である」（「国務院発展研究中心関於出租汽車的研究」）という。

3．争議事件の争点

タクシー産業がスタートした時点からサービスに対する利用者の苦情は多かったものの，業界内部における争議事件の急増は，政府の管理規制強化および産業に対する改革と密接に関係がある。近年，多発している争議事件の争点には，営業権をめぐるもの，車両の所有権をめぐるもの，会社との利益配分をめぐるもの，労働条件，営業環境をめぐるものなどがあり，また政策に対して抵抗するものもある。

(1) 営業権をめぐる争議

営業権をめぐっては3つの論点が存在する。第1は，営業権の使用期間の問題である。一部の都市部では営業権を分配，販売する際に，使用期間について明確に規定せず，突然回収を命じる政策を打ち出したため，運転手たちの反発を受けた。銀川市の場合，政府が販売した当初は明確な使用期間に対する規定がなかったため，営業権を永久の個人資産とする闇市場まで形成された。1991年に100元で販売されていた営業権が，90年代半ばには1.5万元，2003年には6.5万元，04年には12万元まで値上げされ[13]，それ自体がひとつの収益の源泉であった。他方，温州，鄭州などの都市では当初から営業権を永久に個人に授与した。一部の都市の営業権の相場は表4-3のとおりである。

表4-3　タクシー営業権の相場

都市	時間(年)	価格（万元）
温州	2004	120
深圳	2003	90
上海	2004	38
成都	2001	31（含車両価格）
福州	2001	20.4〜21.3
西安	2001	17.6〜18.7
北京	2004	15
銀川	2004	13

（出所）　陳（2006, 80）。

　第2は，営業権の無償，有償の問題，価格，およびいかに統一するかの問題である。第3は，有償譲渡方式の問題であり，それには，使用期間の満期に伴う再認可の問題もあり，個人への授与を制限し，法人事業者を優先することへの異議申し立てが目立った。

(2)　所有権をめぐる争議

　タクシー市場のサービスの質が劣化し，利用者の安全確保ができない問題への対策として，国務院は1999年から個人タクシーを制限し，会社経営，とりわけ大型タクシー会社経営を優先する政策に方針転換した。その結果，北京，青島，アモイ，重慶など多くの都市では，「兼併重組」（合併，再編），つまり個人経営者をタクシー会社に所属登録させるか，または小さな会社を大きな会社に合併させる改革が行われた。政府は大手会社を通して，タクシー市場の秩序の構築とともにサービスの向上による利用者の保護を図ったのである。

　では，車両に対する所有権をめぐる争議はどのように生まれたのか。アモイ市の事例（張 2005, 39-40）をみてみよう。1980年代初期にスタートしたアモイ市のタクシー業界は，90年代に大きな発展を遂げ，97年まで個人タクシーの割合は総台数の90％以上であった。アモイ市はタクシー業界に対して

現代的な企業制度を確立させる目的で，97年から「企業の合併」，「国有企業の育成」，「タクシー経営権の変更」の３つの措置をとった。その結果，個人タクシーはタクシー会社に所属登録し，毎月50〜150元（97年からは300元）の管理費を上納し，経営に参加しなければならなくなった。97年，市政府は「車両の更新を行う際に，営業権を4000元の価格で会社に譲渡する」政令を出し，履行しなかった場合，車両の更新を許可せず，営業への参加も認めなかった。97年から更新するタクシー運転免許の「車両所有者欄」に車主本人の名前に代わり企業の名前が入り，かっこ付きで「所属登録経営者某某人」と記入する形となった。99年，車両の更新がさらに進み，運転免許証の車主の名義も完全に会社の名前に置き換えた。よって，車両の所有権の所属関係は大幅に変更され，事実上の車両出資者の所有関係を証明する唯一の証明書も書類上で消えることになった。十数万元で車両を購入，５万元で営業権を入手し初期投資を行った運転手は，会社に所属登録し，毎月300元の管理費を支払うことになる。2003年，3437台のタクシーのうち，車両所有者欄に本人の名前が記入された運転免許証は30部に至らなかった。換言すれば，タクシー営業権の個人から企業への移行は基本的に終わり，個人タクシー運営者は消えたのである。この措置は営業権，所有権をめぐる争議の種を生むことになり，青島市，北京市でも類似の措置が取られた。

(3) 会社が利益を独占する問題

個人より法人事業者を優先し，規模の小さい事業者を規模が大きい会社に合併・再編する業界改革の結果，独占構造が生まれたことについてはすでに指摘したとおりである。タクシー会社に登録した運転手は，会社と労働契約，車両・営業に関する請負契約を締結するほか，「リスク負担金」と各種の名目による「管理費」を上納しなければならない。管理費に関しては全国で統一された基準はないが，毎月5000〜１万元になる。「リスク負担金」と「管理費」は会社に莫大な利益をもたらす余地を生み出し，会社の利潤回収率は70％に達していると王克勤（『中国経済時報』記者）は言う（王克勤に対するイ

ンタビュー調査，2008年9月27日）。タクシー業界改革の専門家である伝知行社会経済研究所郭玉閃所長も，「北京市タクシー会社が1台のタクシーから得られる毎月の利潤は5000元になる」と指摘する（汪 2004, 116）。その一方で，運転手が会社に支払うリース金，リスク保証金，管理費などはあまりにも高い。運転手のストライキ事件で顕著に表れていたのは，上納金の引き下げへの要求であった。

(4) 営業環境，労働条件をめぐる問題

ストライキに参加する運転手たちの不満のひとつが，「白タク」，「輪タク」の氾濫による，正規営業環境の圧迫である。既述したように，政府による総量規制で，許可されるタクシーの台数では社会のニーズを十分満たせないため，「白タク」が氾濫しているのはほとんどの都市についていえることである。抗議行動は，政府も1980年代末から「白タク」への取り締まりを行っていたとはいえ，根絶するには至っていないことに対する抵抗でもあった。重慶市のストライキでは，ガススタンド，トイレなどの労働環境への訴えも顕著に表れた。

(5) 政府の管理をめぐる問題

上記の営業権，所有権，会社との利益配分，労働条件，営業環境などの争点の浮上は，政府の管理と間接的に関係がある。これら以外に，直接政府の政策執行能力に不満を覚えストライキを打つ事例も含めれば，政府の管理が最も普遍的な争点であることがわかる。

以下では，このような産業独占構造のなかで，利益・権利が侵害されていたり，厳しい営業環境，労働環境におかれている運転手たちは，いかにして自分たちの利益や権利を守り，また主張しているのかについて，個別的な事例とストライキ事件のふたつに分けてそれぞれの構造を考察してみたい。

第2節　維権行為の構造

1．目標，対象

　まず，維権行為の目標，対象について明確にする必要がある。運転手たちが立ち上がる最も根本的な出発点は，利益を侵害されたことへの反発，そして利益の追求である。それに関連して，運転手の利益の縮小を生み出す要因となる政策が，その維権行為の標的として浮上する。運転手たちは，業界における諸利益主体とのせめぎあいのなかで，徐々に利益表出チャンネルに対して要求を示すようになってくる。

　すでに述べたように，営業権，所有権をめぐる問題，あるいは会社との利益配分をめぐる問題にしても，すべて運転手の収入に直接かかわる問題である。とくに，車両に対する所有権，市場に参加する営業権をめぐって争われた事例には個人タクシーが多くかかわり，企業の合併と業界構造再編が実施されていた1990年代後半から2000年までの間，一部の地域で多発した。運転手が車両に対する所有権を訴えて抗議行動に立ち上がるのは，ふたつの背景からである。ひとつは会社に所有権が「略奪」されることにより，初期投資が無に帰してしまうことであり，もうひとつは，「変相売車」（小さな会社が大きな会社に合併する際に，所有権の譲渡という名義で行われる事実上の所有権販売）と呼ばれる取引による運転手の利益侵害である。所有権をめぐる争議には，北京市の車殿光が先頭に立ち，販売された車両の弁償を求める96人のデモ事件（「青島出租車司機集体維権六年屢訴屢敗」『検察日報』2008年4月7日），青島市の姜育黎，徐軍，方梅林の事件（「司機称公司通過合同剥奪了車主対車両所有権」『検察日報』2008年4月7日）などがある。

　一方，維権行為の矛先が直接政策，または政府機関に向けられるケースも多い。侵害利益の弁償のみならず，国家の法律に基づいて，個人営業権の取得を求める働きかけも顕著である。2004年7月1日，「行政許可法」の施行

と同時に現れた「行政許可法」施行後，初の行政許可申請事例と類似して，北京市だけでも2000人が個人タクシー営業権の許可を申請した。「行政訴訟法」，「陳情条例」など法的な手続きをもって，北京市交通運輸管理局を提訴することにより，直接政府の政策と衝突し，その「北京市第十カ年計画」（2002年1648文献）の撤廃を求めたことは，最初から政府を標的とした計画的な行動である。利益の衝突のなかで，最終的にたどりつく目標は，「われわれの利益を代弁する組織，有効に代弁するシステムを構築すること」[14]，すなわち「民主制度の確立」[15]であった。

2．維権の方式，資源動員能力

では，これらの要求を彼らはどのような方法，経路で行っているのか。ここでは，北京市，青島市，重慶市について，タクシー運転手の「維権」活動に携わってきた個人，あるいは少人数グループのレベルにおける数年間の行動を紹介しながら説明を加える。王克勤が2002年12月6日『中国経済時報』で3万字に上る「北京市タクシー業界独占内幕」を発表するまでは，事実上，それぞれが孤軍奮闘していた[16]。

(1)「議会路線」
　自ら「議会路線」を標榜したのは，1993年からタクシー業を始め，97年から「政策提言型」の維権活動を開始した邵長良である。比較的恵まれていた開業当初の収入に比べ，96年から収入が激減したことに気が付き，タクシー業界に対する調査，政策に対する勉強を始めた。97年から各種のチャンネルを通じ，政府の産業改革による独占構造の弊害の是正と政府のタクシー総量規制緩和，個人タクシーの営業の開放を求める提案書を北京市人代・政治協商会議（以下，政協）の代表に送付した（「邵長良的八年代言路」『新安全』2004年12期）。人代に3つの議案を提出し，政治協商会議に2回にわたって議案を提出したが反応はなかったため，さらにメディア，国務院，北京市政

府などに対して500通以上の手紙を出した。2002年に国務院発展研究センター社会部に送った手紙が郭麗紅（国務院発展研究センター研究員）と余暉（中国社会科学研究院工業経済研究所研究員）に届き，王克勤の記事に反映されることにつながったのである[17]。

　重慶市において2001年から8年間にわたって維権活動を展開した楊考明も「議会路線」を代表するひとりである。231人が署名した「都市主要区域のタクシー業界制度改革に関する提案書」（「関於主城区出租体制改革的倡議書」）を人代，政協に提出した。

(2) 法律による維権

　青島市運転手維権活動の代理弁護士，北京義派弁護士事務所王振宇主任の紹介によれば，「タクシー運転手が労使問題を解決する主要なチャンネルには，陳情，訴訟，業界団体との交渉，ストライキの4つがある」（「罷運後，救解出租車管理難題」『瞭望週刊』2008年12月16日）という。そのうち，司法への訴えが最も顕著になった時期も，政府が業界再編を図った会社経営優先改革を行った直後である。北京市最高人民裁判所が1996年から97年までに受理したタクシー運転手による提訴は160数件に上り，その多くが車両の所有権，営業権をめぐる訴訟であった。

　行政訴訟，司法への訴えは，個人，少人数グループのレベルでみられる方式である。2005年2月4日，運転手姜育黎は，青島市交通委員会に「行政再議願」を提出し，青島市運輸局が1993年に配布した「道路運輸経営許可証」の撤回を求めた（「青島出租車司機質疑管理制度集体維権」『検察日報』2008年4月7日）。

　2004年に全国で有名になった「行政許可法」施行後の初の申請事例[18]について紹介しよう。「中華人民共和国行政許可法」が施行された2004年7月1日，運転手の邵長良，王学永，車殿光は，北京市運輸管理局に連名で個人タクシー営業権を申請した。12日，運輸管理局は「北京市タクシーの総量に対する規定に反するため，個人のタクシー経営申請について許可しない」とい

う通達を出した。その規定とは，北京市発展改革委員会が制定した「北京市十五時期交通発展計画」（1648文件）の「北京市タクシー総台数はすでに基準値に達しているため，新しい車両は投入しない」という規定であった。16日，邵長良，車殿光，劉金来，王景洲は運輸管理局にて，「個人経営権申請を受理しないことに関する聴聞会の開催」を申請するが，受理されなかった。20日，車転光は20数人の運転手と一緒に北京市法制弁公室を訪れ，北京市運輸管理局の行為は「行政許可法」に違反することを指摘し，内部監査を行い，担当者の責任を追及した。9月1日，3人は北京市宣武区人民裁判所にて，北京市運輸管理局を提訴する「行政起訴状」を提出し，「上記の申請に対し許可しない決定」の取り消しを求めた。「行政許可法」が実施されてから9月初旬までの2カ月の間に，営業権の申請を行ったタクシー運転手は2000人に上った（「利益集団操控京城出租車業，場家争闘換車商機」『中国新聞週刊』2008年12月26日）。

　同じ日の2004年9月1日，重慶市万州区でも，127人の運転手が区政府と運輸管理局を提訴したが，いずれも敗訴に終わった。

　「行政許可法」の施行とともに殺到した営業権の申請に対応して，建設部は，2004年12月「国務院決定の十五項目の行政許可の条件に関する規定」（「建設部関於国務院決定的十五項行政許可条件的規定」）を発令し，タクシー経営資格証，車両運営証，旅客運輸資格証の許可については，当該都市のタクシー発展計画の規定に適合しなければいけないとし，個人タクシー営業権の申請に対して許可しない結論を出した。

(3)「組織化路線」

　組織を発足させるやり方には2種類がある。ひとつは，運転手たちの労働組合を組織することであり，もうひとつは，運転手たちが自ら投資し，経営する「人民タクシー株式有限会社」を設立することである。

　「タクシー業界労働組合」の構想[19]

労働組合の発足に力を入れているのは，1993年からタクシー業に転身した北京市の運転手，童昕である。童は，「工会法」「城鎮集体所有制企業条例」の規定により，「集団所有制企業の最高決定権力は従業員大会にある」と主張し，98年12月25日，検察院の許可を得て，通州天雲タクシー会社で従業員大会を開催し，11人の従業員の代表に選出された。童の維権活動の正当性は従業員たちの支持を基盤としている。童は，従業員大会の採択なしに，他の企業に合併，売却されてはならないことを明確に主張した。その後，会社は正式な移譲によって，旅行局に配属された。童は，労働組合の結成が従業員の利益を代弁，保護できると確信し，98年に通州区工会で労働組合の設立を申し出たが，却下された。2003年，業界労働組合を発足させるため，北京市総工会に出頭するが，それも受け入れられなかった。

「重慶人民タクシー株式有限会社」の構想
　2001年末重慶市の楊考明が，自ら起草し，231人が署名した「都市主要区域のタクシー業界制度改革に関する提案書」を市の党書記，市長，政府部門に提出したことは「議会路線」で紹介した。正式な回答を得られなかった彼は，その後，タクシー業界の労働組合の結成，「人民タクシー株式有限会社」の設立などに力を入れ，資金の調達，人員の募集を行った。09年3月3日には，重慶市人代と政協に提案として「人民タクシー株式有限会社をつくり，中国タクシー業界の改革を行う」（「建立人民的出租汽車股份有限公司，改革中国出租汽車行業」）を提出した。

(4) 非制度的な維権
　上記した「議会路線」，「司法路線」，あるいは「組織化路線」は中国の政治制度，法律を熟知したうえで展開している合法的な利益表出である。しかし，陳情を含む合法的な手段による利益，権利擁護は効果的ではないか，もしくはまったく結果を得られないというのが実情である。
　北京市の事例（王克勤「北京出租車黒幕系列報道」『中国経済時報』2002年12

月6日)をみてみよう。1996年10月31日から本格的に開始された経営管理方式の転換により,実際の投資者と車両の所有者の分離が生まれ,運転手が「投資協議」をもって,所属登録先の会社を提訴する事案が多発した。北京市各裁判所が97年まで受理したタクシー車両所有権をめぐる事案は160件であり,その原告は運転手たちであった。当時の焦点は,タクシー車両売買契約の変更によって生じた損害に対する経済的補償であり,原告が勝訴するケースが多かった。だが,これは長く続かず,99年9月1日,北京市最高人民裁判所は「人民裁判所がタクシー運転手とタクシー会社との間の請負契約に関する紛糾を受理しないことに関する通知」(1999 381号)を出し,「企業内部の問題は,企業内部または上層機関による調停で解決すべきであり,人民裁判所は受理しない」と通達した。その結果,多くの運転手の司法訴訟のチャンネルが閉鎖され,2000年末,3人の運転手が自殺抗議する事態にまで至った。01年11月6日,北京市最高人民裁判所は「タクシー会社内部の紛糾について行政調停で解決できない場合,裁判所は受理する」(2001 282号)文件を公表し,1999 381号を廃止した。

北京市の運転手呉来池は,被害を社会に訴えるため,公安局にて数回にわたってデモの申請をするが,すべて許可されなかったと,2005年5月7日の座談会において発言した。このふたつの事例は,運転手にとって権利を主張し意見を表明する機会が完全に閉ざされた状況を意味する。このとき,彼らの行動は非制度的なチャンネルに流れやすくなる。

(5) 維権行為の継続要因,政治的な効果

以上から,各地方における運転手たちの維権行為が継続するには,下記の要因が働くと思われる。

第1は,各都市において,維権活動を先導しているリーダーが存在することである。「維権110」と呼ばれる西安市の馬清和,「維権先鋒」と呼ばれる安徽人民ラジオテレビ交通番組アナウンサー王薇,武漢市の王梅(朱 2005, 18-20),北京市の「従業員大会代表」と呼ばれる童昕,車殿光,「運ちゃん

の代弁人」と呼ばれる邵長良，王学永，青島市の「姜デブ」と呼ばれる姜育黎，方梅林，徐軍，重慶市の楊考明などがいる。個人の根気と努力が各地でタクシー運転手の維権行為が続くようになった重要な要因である。

　第2は，リーダーの学習能力と専門知識である。タクシー関連政策，法律はもちろん，階級闘争論，経営学に関する高い学習能力が，維権活動を継続する原動力のひとつとなった。「工会法」，「城鎮集体所有制企業条例」などを暗記し，その他の法律を熟知している童昕は法律専門家と知られている。彼らの戦略が非常に重要になっている。

　第3に，メディアの役割も大きい。王克勤の「北京タクシー業界独占内幕」が発表されたことにより，多くの運転手が連携するようになり，個人または少人数で行っていた維権活動が全国各地に現れるようになった。これは「タクシー運転手の維権活動の第2段階の始まりであった」（郭玉閃に対するインタビュー調査，2008年2月28日）。また，「行政許可法」第一案がメディアで報道されることにより，多くの運転手が参加するようになった。

　第4に，社会団体の介入も重要な要素である。北京市伝知行社会経済研究所の主催による運転手の座談会（2005年5月7日，2006年4月20日）を通してネットワークが形成され，動員に大きな役割を果たし，活動のひとつの拠点ともなった。

2．ストライキ

　全国範囲で連鎖的に発生したストライキにはふたつの波がある（王克勤に対するインタビュー調査，2008年11月17日）。その第1波は，2004年7月から10月までに銀川市，内モンゴルの包頭市，吉林市などで発生したストライキであり，第2の波は，08年11月から12月までに重慶市，広東市，海南省，甘粛省，雲南省などで連鎖的な反応として発生したストライキである。「休業」，「お茶を飲む」と称して，実質上のストライキを打つ現象について，分析してみよう。

(1) ストライキとその対応のメカニズム

　多くのストライキ事件の発生から終息までのプロセス，そして政府のストライキに対する対応には，それぞれ共通点がみられる。まず，ストライキの発生，終息のメカニズムであるが，多くが，「新しい政策の出現，またはタクシー運転手が深刻な被害に遭うなどといった導火線となるような事件の発生→多くの人の集合と不満の爆発→暴力による動員構造→ストライキの突発→暴力，破壊の罪で数人が逮捕→政府責任者の意思表明，政策案の撤回，執行の引き延ばし→ストライキの終息」というプロセスをたどっている。このようなストライキが発生する前提にあるのは，運転手たちの根強い被害者意識や不満である。

　また，政府の対応にもある種の共通点がみられた。すなわち，多くが「集団的な休業，ストライキの発生→政府指導者を中心とし，公安部門，交通運輸部門の責任者で構成される対策本部の発足→指導者が現場に赴く，または運転手の代表との対話，話し合い→公安，交通警察，城市管理隊による治安の維持→政府の意思表明，政府責任者の更迭→または聴聞会の開催，政策の変化→政策の評価」といったプロセスをたどった。

　政府の反応にみることができるひとつの特徴は，その対応の迅速さである。たとえば，河北省合肥市で「政府に圧力をかけるためである」ストライキが2005年8月1日に始まると，政府は4日，早くも運賃に関する聴聞会を開催し，11日に新しい運賃を決定した（朱 2005, 18）。

(2) ストライキ発生の社会・制度的な要因

　では，なぜ運転手らはこのような手段を選択するのか。その社会的な要因として，次のいくつかが考えられる。ひとつは，とくに銀川市，アモイ市のタクシー運転手は，レイオフされた労働者，または失地農民などの出稼ぎ労働者が多いことである。彼らは，とくに営業権に対して敏感な態度を示した。彼らにとって，タクシー運転は，初期投資を回収するための，また生活をするための唯一の手段である。とりわけ，1台の車両を夫婦交代で運転する夫

婦タクシーにとっては，直接，一家の生活にかかわってくる。

　現地調査で強く伝わってくるのは，大手タクシー会社の独占構造と不合理な政府管理に対する強い不満である。それは，一部のストライキ発生都市で配布されているビラからも読み取れる。「……近年，タクシー業界は生存の危機を迎えている。……タクシー運転手たちは悲鳴を上げている。市政府の交通管理は無力で，われわれに良好な営業環境をつくってくれない。運転手に対する各方面からの迫害と圧迫は酷く，われわれは倒れる寸前にある……」[20]。「タクシー市場の混乱により，正規の営業はできず，収入も低い。最低限の生活要求も守られない……」（陝西省周至県で配布されたビラ）。「……政府に対して乞食になろう」（温州市で配布されたビラ）。

　もうひとつ見落としてはならないのは，運転手の利益を代弁する合法的な組織が欠如している事実である。前で紹介した個人，少人数の維権事例も，この合法的な利益表出チャンネルが不足しているために，権利擁護活動が孤軍奮闘にならざるを得なかったのである。

　さらに，制度的な要因も存在する。タクシー関連の政策形成過程自体が，政府，企業，業界団体によって独占されていることである。また，前述したとおり，一般に提示されている合法的・制度的な維権チャンネルは，コストが高く，またその効果も芳しくない。タクシー業界における労働組合も存在せず，実際に利益，権利を訴えるところがない。そして，運転手たちは政府が設立した業界団体あるいは労働組合に対しては，信頼をおいていない。一方，政府は，草の根の労働組合，業界団体の設立を許可しない。このような状況は，運転手と政府に疎隔が生じ始める起点となっている（彭 2007, 76）。

(3) ストライキの形成要因

　上記の社会的な不満，制度的な要因はストライキが形成される必要条件であるが，十分条件ではない。重要なのは，彼らがいかに組織され，動員され，行動に移るかである。

　上記のビラ以外に，携帯電話のショートメッセージによる情報の共有，ス

トへの呼びかけが煽動の有効な手段となっている。周至県の場合，ストライキを呼びかけるメールが広く流れていた。また，携帯電話のショートメッセージとどれほど関係があるかは明らかではないが，噂の流布も重要な要素となる。取材にあたったいくつかの都市では，運転手たちは，「聞いた話によれば，誰かがいつか休業を呼びかけている」ようである，という印象をもっていて，それが運転手たちの心理に動揺を与えていた。

　また，一見流動的にみられる運転手たちが常に集まる場所として，ガソリンスタンドや「運ちゃん食堂」（「的哥食堂」），列車駅，空港などがある。重慶市の場合，ガススタンドであるが，その数が少ないため，「ガスを入れるために3時間も待つ」ときもあるという。この待ち時間は，運転手にとって不満，認識，情報の共有の場となる。「運ちゃん食堂」もそうであるが，2008年9月に北京の運転手たちの食堂で調査を行ったところ，午後3時に周囲には50台以上のタクシーが止まっていた。店主によれば，「時間帯と関係なく，常に人が多い」（北京市タクシー食堂の店主に対するインタビュー調査，2008年9月22, 26, 27日）という。食堂の前に小さな掲示板があり，タクシー運転手募集などの業務関連情報が掲載されていた。重慶市渝中区にあるタクシー食堂でも，類似した状況にあった。筆者が訪れた食堂は，ガススタンドに隣接しているため，集まる人がより多かった（重慶市渝中区のタクシー食堂，ガソリンスタンドの調査，2013年2月25, 26日）。

　同郷のネットワークも働いていた。広州市の場合，外部から出稼ぎに来た運転手たちは出身地ごとに集合居住しており，それが集団行動を生み出すひとつの要因にもなっている。

　ストライキを打つに当たり，「暴力的な動員」が存在する。各地のストライキ事件では，煽動，破壊行為の容疑で逮捕者が出るという状況がよくみられる。多くの都市では，休業する際に，営業を継続しているタクシーに対する破壊行為が頻繁に発生した。ストライキ，集会，休業を呼びかけるビラの重要な内容のひとつとして「……ストの当日は営業を自粛してください。過激な行為があるかもしれません。不必要な損害をもたらす恐れがあります。

なお，ビラを手にした運転手は，ポケットマネーでコピーして周りに配るようお願いします」（広州市のビラ），「営業を行うタクシーは損害に自分で責任を負ってください。相互伝達願います」（温州市のビラ）と書かれている。破壊行為を行うひとつの理由は「われわれは運転手全員のためにストを打っているが，それに乗じてお金を稼ぐことは絶対許せない」（銀川ストライキ事件参加者W氏，L氏に対するインタビュー，2008年9月25日）という心理である。

　このような動員構造のなか，参加者たちには，ストライキに対する積極的な支持と，「恐怖」による消極的な支持が生まれ，結果的にそれが数千人規模に広がるストライキにつながる。さらに，個人の抵抗，合法的な維権より，「ストライキを打つことは，コストが低く，経済的，政治的な効果が高い」という認識が根強く存在している。とくに，ストライキの第2の波は，重慶市でおこったストライキに各都市が受動的に反応したことによって生じたというよりは，各都市の能動的な行動によって生じたのであった。

　アモイ市，鄭州市でも「2008年11月28日にストを呼びかけるショートメッセージが届いたが，当日，重要な場所は警察の警備が厳しかったため，休業したのは個別の運転手で，全体的なストライキにまで至らなかった」（アモイ市のタクシー運転手W氏，Q氏，X氏に対するインタビュー調査，2008年12月22日）。

　中国政法大学王軍教授は，「民間において，自分のために維権活動をする集団，グループは大量に存在する。これらの業界団体，あるいは業界労働組合の性質をもつグループと組織は，実用主義の色彩が色濃く，政府からの許認可はあまり気にしない。事実上の『組織』が存在し，携帯電話などの通信機器がこうした組織の結成を容易にした」との見解を示し，民間組織の介入も指摘している（「中国タクシーのスト続発」『読売新聞』2008年12月2日）。

　以上のことから，タクシー運転手の維権行為は，個人的な抵抗，集団的な行動として表れ，同一イシューをめぐり，同一の目標をもって，全国範囲で長期的，持続的に発生しているという意味では，社会運動の性質を有していると判断できる。

第3節　政治への影響

1．政策過程への影響

　では，運転手たちの維権行為の政治への影響はどのようなものであったのか。第2節で説明した「議会路線」，「組織化の路線」では，ごく少人数の範囲での動きではあったが，邵長良，楊考明のように個人が起草し，提出した議案が，各地方の人代，政協の審議課題となった例もあった。

　2004年2月18日，邵長良と車殿光は，5年かけて研究し作成した「公用事業の特許経営権立法を加速することに関する提案」（「関於加快公用事業特許経営権立法的建議」）を人代代表・中国人民大学法律学者史際春に手渡した。それが22人の代表の署名を得て，2004年北京市人民代表大会の議題となった（「的哥建議打破出租業壟断」『京華時報』2004年2月19日）。

　「維権の問題において，学術報告，研究報告，立法案を作成，提出し，2003年の北京市の立法計画のなかに入った，また，03年，北京市の副市長王岐山の提案で学術大会においても報告を行い，04年の工作計画にも入った。しかし，さまざまな要因で失敗してしまったが，国務院の反独占に対する立法作業は進んでいる」（邵長良のタクシー座談会での発言，2005年5月7日）。2007年3月9日，第10期政治協商会議第5回会議で，40人の委員が連名で，「北京市タクシー運営管理体制の改革に関する提案」を話し合った（「管理成本過高40委員聯名建議改革北京出租業」『京華時報』2007年3月10日）。そこでは政府のタクシー会社経営モデルを優先する政策方針を変更することのほか，タクシー運転手が自らの労働組合を発足させることを許可することが求められた。

　それと同時に，個別の運転手たちが「行政許可法」を武器に，政府に聴聞会の開催を要求し，政策の撤廃を求めるなどといった，司法裁判などを通じて直接政府部門を訴える行為にみられるように，運転手たちが，政策執行過

程に直接働きかける例もあった。さらに，ストライキ発生後の政府の責任者の失脚，更迭はまさに運転手の行動が政策過程へ与えた影響の結果であるといえよう。

　当然，ストライキ事件発生後の政府の対応は迅速であった。2004年ストライキの波の端緒となった銀川事件では，発生の3日後に政府は実施予定の新政策の撤回を発表した。第2の波の端緒となった重慶事件以後も，当時の薄熙来書記と運転手との会見が設定され，管理費の値下げ，生活手当の支給，営業環境の改善などが約束された。中央レベルにおいても，2004年の第1波の後，国務院弁公室は「タクシー業界に対する管理をさらに規範する問題に関する国務院弁公庁の通達」(「国務院弁公庁関於進一歩規範出租汽車行業管理有関問題的通知」，通称81号文献）が出され，2008年の第2の波の後も，「タクシー業界の健全な発展をより強化，促進することに関する国務院弁公庁の通達」(「国務院弁公庁関於進一歩加強管理促進出租汽車行業健康発展的通知」）が出された。各地方政府もこの方針に基づき，運転手の利益保護を内容とする政策を打ち出した。

　そして，「白タク」，「輪タク」の氾濫による正規営業の圧迫について，国務院は本格的にその取り締まりに乗り出した。四川省の交通関係部門は，公安と高速道路管理分隊などと連携し，「白タク」取り締まり計画を立て，違法運営車に対する取り締まりを強化している（「専項整治『黒車』非法運営」『中国交通報』2008年12月26日）。全国範囲で，2月20日から5月20日まで，交通運輸部と公安部は，「白タクなどタクシー違法経営者を取り締ることを展開することに関する通達」（「関於開展打撃『黒車』等非法従事出租汽車運営専項治理活動的通知」）を出し，3ヵ月間の「白タク」取り締まりキャンペーンを主導した。その結果，北京市だけで，4月28日までに4815台の「白タク」の取り締まりが行われた（「『黒車』解体儀式現場」『中国交通報』，2009年4月30日）。

　ストライキ事件の発生後，最も重要な行政の動きは，「城市公共交通条例」の制定が2009年国務院立法計画のなかに盛り込まれた（「以『出租車立法』来

解決行業畸態発展」『南方日報』2009年2月19日）ことである。交通運輸部法規処魏東処長の紹介によれば，タクシー業界に関する管理権限が移譲されたばかりの交通運輸部が，立法のための調査，研究，起草を担当する。草案では，タクシー業務管理における中央と地方の権限，タクシーの市場参入の審査，経営権の譲渡，経営者組織モデルなどが要点になるという（「交通運輸部啓働出租社立法」『法制日報』2009年2月18日）。この条例が採択されれば，地方人代で採択された地方条例が省庁令よりも優位であったこれまでの状態が終結し，同条例が上位法として位置づけられることになる。

2．政府側の対応

(1) タクシー管理専門部門の創設

2008年まで，中国各地の地方政府のタクシー管理部門は統一されていなかった。タクシーは産業なのか，それとも公共の交通手段なのかをめぐる議論は，政府内部では長年続いた議論である。産業の場合，その業務管理省庁は建設部であり，公共交通手段の場合，その業務管理省庁は交通運輸部となる。08年末，交通運輸部，建設部，中央編制委員会弁公室は，交通運輸部門がタクシーの管理の権限をもつことを決めた（「中国擬今年完成出租車管理立法工作」）。これにより，タクシー業界の主管省庁は，建設部から交通運輸部に移ることになった。09年3月16日，交通運輸部は部署機構改革動員大会を開催し，道路運輸司と安全監督司を増設した。その道路運輸司のなかに，都市客運，タクシー業界管理弁公室を設置し，安全監督司の下に応急弁公室を設置することを決めた（「交通運輸部『三定』改革方案司局級職数或増11/3」『中国交通報』2009年3月17日）。

(2) 工会の動き

2008年11月からの一連のストライキ事件発生の際に，全国総工会も迅速に動き出した。全国総工会が行った調査によれば，タクシーの従業員の70％が

農民工で，工会の組織率，従業員の入会率，労働契約の締結率が非常に低い。「近年，政府の管理体制，業界に対する指導内容，利益配分などにおいて深い矛盾が存在するほか，タクシー会社の『空洞化』により，従業員の合理的，効率的な利益表出チャンネルが形成されていない。それがストライキ事件の多発する原因のひとつである」(「為出租司機依法維権搭建組織平台」『工人日報』2008年11月20日）という見解を示した。08年の全国的なストライキが発生した直後の11月13日，「タクシー企業で労働組合を建設することに関する指導意見」(「関於出租車企業組建工会的指導意見」)を各地に通達し，国有企業，または国が株を持っている企業に対して，09年9月末までに，工会の組織率を90％にするよう要求した。

(3) 労使関係改善キャンペーンの開始

一方，上述の工会を動員する形で，タクシー業界内部の労使関係の改善を図る動きも近年みられている。2012年1月，交通運輸部，人的資源・社会保障部，全国総工会は，連名で「タクシー業界内における調和の取れた労使関係を構築する活動を展開することに関する通知」(「関於在出租汽車行界開展和諧労働関係創建活動的通知」交運発 2012）を通達し，12年3月から14年3月までキャンペーンを行うことにした。9項目にわたる内容には，タクシー会社内部の労使関係を整理することを第一に挙げ，徐々に従業員制度を導入し，法律にのっとった労使関係の構築が盛り込まれた。とりわけ，集団協商制度を改善し，賃金団体交渉を通じて，従業員の賃金が会社の収益をともに成長することをめざすと規定した。そのほかにも，タクシー経営契約を整理すること，運転手の休憩・休暇をとる権利を保障することなど，業界内部の争議事項を幅広くカバーするものであった。このようなトップダウン式のキャンペーンがどれほど功を奏するかは，今後見極めないといけない。しかし，運転手たちが訴えていた問題が政策の課題に盛り込まれたことは，運転手たちの維権行為の結果ともいえる。

おわりに

　以上，都市化を背景として成長してきたタクシー業界について考察してきた。タクシーという交通手段に関する社会的なニーズと政策が交錯するなか，多発する争議事件の原因ともいえる産業構造の問題点を指摘し，具体的な争点も提示した。それには，政府の不当な管理規制とそれに由来する産業の独占構造によって生じた利益配分のアンバランス，関連法律の未整備，運転手たちの利益表出のチャンネルの欠如などが挙げられる。これらの問題は，さまざまな方法で立ち上がるタクシーの運転手の維権行為の発生要因でもある。したがって，彼らが抗う標的には企業，政府，または特定の政策，制度が含まれ，政府の管理の改善と運転手たちの利益表出のチャンネルの構築が最終的な目標となっている。一方，維権行為は社会運動的な性質を有し，その動きは政策過程に影響を与え，政府側の対応を促す重要な要因にもなっている。タクシー産業の生成と拡張の経緯，タクシー業界内部の緊張関係の実態，政府の管理メカニズムのあり方は，中国の都市化の現段階の縮図であるともいえる。

〔注〕
(1) 2013年3月の全国人民代表大会・中国人民政治協商会議（通称「全人代」と「政協」と略される）。以後，李克強首相が都市化に力を入れる動きは顕著である。詳細は「李克強総理談城鎮化」（http://news.cntv.cn/special/zgxxczh/lkq/index.shtml　2013年12月19日アクセス）参照。
(2) 「都市部タクシー業務管理方法」によれば，「タクシーとは，主管部門の許可を得て，乗客と消費者の意思によって旅客運輸サービスを提供し，距離と時間によって運賃を徴収する乗用車を指す」。
(3) 2002年から2007年8月まで，全国各地で発生したタクシーの運転手のストライキ事件は136件（王克勤による統計），2008年11月3日から12月末まで発生したタクシー運転手のストライキは20数件に上る。
(4) 「維権」（Wei quan）とは中国語の「維護権利」の略語であり，合法的な利益・権利を擁護する意味でよく使われる。1990年代半ば，メディアが，青少

年の権利，女性権利の保護，消費者権益の保護を提唱する際につくり出した言葉であるが，用語の適用範囲が拡大し，出稼ぎ労働者，失地農民，弱者グループ，所有権者たちの諸権利に対するさまざまな領域まで広く使用されている。なお，インターネットなどのメディアだけではなく，一般市民レベルにおいても権利意識の覚醒，権利主張のシンボルとして深く定着している。この言葉は，常に「民生」とともに現れた，侵害された利益への抵抗，権利への訴えが同伴した。「維権」現象は，市民生活への浸透とともに地理的，領域的適用範囲も広がりをみせている。日本語の適訳はないが，憲法を守る意味で提唱された「護憲」の「憲」を権利の「権」に置き換えて造語された「護権」に最も近いと思われる。本章では，タクシー運転手たちの利益，権利を求める行為を維権行為と総称する。

(5) 調査を行った時期と場所は，2008年2月，北京市；08年3月，香港，深圳市；08年9月，北京市，錦川市；08年12月，アモイ市；2013年2月，重慶市，北京市；2013年8月，青島市，北京市である。

(6) 紙幅の関係で，本論で取り上げる各事例に対する詳細な紹介は割愛する。その詳細な内容は文中に記した出所を参照されたい。なお，筆者自身が調査，入手した事例に関しては簡単に紹介，説明する。

(7) 国家統計局資料「改革開放30年報告⑦——社会経済建設発展成績顕著」国家統計局（http://www.stats.gov.cn/tjfx/ztfx/jnggkf30n/t20081104_402514247.htm 2014年6月15日アクセス）。

(8) 中国で各種の社会組織が普遍的に取っている特殊な組織形態。中国の政治，経済，社会体制の基礎である。大きく企業，事業，行政単位の3つに分類される。

(9) タクシー産業が開始される段階において，福建省などの都市では，タクシーの経営条件を満たしている国有企業，集団企業に対しては，営業権を無償で行政的に配分した。

(10) 中国経銷商学院副常務院長・労働法専門家張磊による調査。「出租車司機生存的調査」（http://www.zybw.net/zyb/OHCommonSense/2008/05/04/1700335675.shtml 2008年11月8日アクセス）。

(11) 2004年北京市慈済医薬連合企業体検センターと『信報』が共同で行った公益活動（http://news.xywy.com/news/jrzd/200510081000225696.htm 2008年12月2日アクセス）。

(12) 各都市にある「白タク」の数についての統計はないが，北京市に2万〜10万台もあるという推測も存在する。

(13) 「従銀川出租車罷運事件看政府決策」『視角』2005年第3期。

(14) 2008年11月6日，重慶市のタクシー運転手代表が薄希来重慶市書記との会談で訴えかけた言葉。

⒂　「伝知行社会経済研究所」が主催したタクシー運転手座談会での共通認識（2005年5月7日）。2008年9月26日郭玉閃から入手。
⒃　上記の座談会での車殿光の発言（2005年5月7日）。
⒄　伝知行社会経済研究所が主催したタクシー運転手座談会での童昕の発言（2005年5月7日。2008年9月26日郭玉閃から入手），王克勤に対するインタビュー調査（2008年11月17日）。
⒅　「出租車司機申請個体経営権検験行政許可法的執行」『京華時報』2004年7月2日，「北京三出租司機個体経営申請被拒」『京華時報』2004年7月18日，「北京的哥邵長良申請運管理局開聴証会遭拒絶」『京華時報』2007年7月24日，「北京的哥邵長良：迄様的行政許可違法」『中国青年報』2004年7月24日など。
⒆　この事例は，次の記事で紹介された。「出租車司機維権路線図」『決策』2005年9月号18-20，「北京出租公司権勢膨張史」『瞭望東方週刊』2009年1月9日，「的哥組建工会記」『南風窓』2005年1月（下）56-58。
⒇　広州市タクシー運転手たちへのストライキ参加の「呼び掛け文」（2008年11月27日）。

〔参考文献〕

＜日本語文献＞
加藤弘之編著　2012.『中国長江デルタの都市化と産業集積』勁草書房.

＜中国語文献＞
陳明芸　2006.「出租車行業管制効応研究」上海財経大学博士論文　国家図書館所蔵（2006F5701）.
伝知行社会経済研究所　2011.「伝知行学術通信」7(17).（http://zhuanxing.cn/uploadfile/2011/0818/tongxun201107.pdf　2012年12月8日アクセス）
─── 2013.「伝知行学術通信」4(27).（http://zhuanxing.cn/public/tx/201306.pdf　2013年8月12日アクセス）
国家統計局編　2014.『中国統計年鑑2013年』北京：中国統計出版社.
彭兴庭　2007.「出租車維権的草根之路」『経営管理者』（10月）　76.
帥暁姗・宗剛　2008.「北京出租汽車行業管理関鍵問題」『政策論壇』（9月）　33.
汪丁丁　2004.「剥奪出租車業的『剥奪者』」『経理世界』（12月5日）　116.
王克勤　2002.「北京出租車黒幕系列報道」『中国経済時報』12月6日.
張文霞　2005.「利益表達的阻滞与社会自組織的成長」北京大学博士論文　国家図書館所蔵（2005C912.21）.

朱玉宝 2005.「出租車司機維権路線図」『決策』（9月） 8-20.

第5章

都市化の中の物流業

大 西 康 雄

はじめに

　都市化が社会に与える影響については，コミュニティーや社会組織，あるいは住民を対象としてさまざまな視角から分析されてきたが，それが個別産業に与える影響について扱った論考は少ない。もともと都市化は，産業の主体が農業など伝統的産業から工業やサービス業に移っていく過程と表裏一体であるため，「産業化の結果」と理解されることが多いこともその一因であろう。しかし，都市化と産業との間では，その逆のプロセスも存在する。たとえば，環境問題などに対する都市住民の反発が工業を都市部から移転させる契機となったり，都市住民の需要が高度化してサービス産業のあり方を変化させるといったプロセスがそれである。これは，都市化が産業の発展に影響を与えたという意味で「産業化への反作用」ともいえるが，このなかでは，産業にかかわるさまざまな社会的アクターの機能が変化し，都市社会と産業の関係が変わるという重層的なプロセスが発生する。本章では，このプロセスを対象として，「都市化と産業発展の相互作用」という視角から都市化のひとつの側面を分析する。

　分析を具体的に進めるためのケーススタディとして物流業を選択した。理由は，「生産と消費をつなぐ」機能を有する物流業が，その終端にあたる消費の現場で進行する都市化の影響を強く受けて変容する一方，この変容のな

かで，関係する社会的アクターが従来とは異なる社会的機能を果たすようになっていく，というプロセスが明瞭に観察されるためである。このプロセスにかかわる社会的アクターとしては，都市住民（消費者），物流業の労働者，個別物流企業，物流業界団体，中央・地方政府などが想定されるが，本章では，上記プロセスのなかで物流業発展の方向性に直接的影響を与えている個別物流企業，物流業界団体，中央・地方政府，に焦点を当てる。具体的には，都市化への適応と社会的役割の変化を中心に，上記した順序で，いわばミクロレベルからマクロレベルへと分析を進める。

　つぎに先行研究を概観する。最初に結論を述べると，本章の問題意識に近い先行研究はあまり存在しない。この背景には，物流（業）の発展が近年のことであり，「物流」という概念自体の普及も遅く，個別の問題にまで分析が及んでいないという事情がある。先行研究の多くは運輸モード（手段）別の分析を中心としている。いわば製造業のロジスティクス部門としての物流業研究といえる。日本の流通経済大学流通問題研究所（1995）（日中共同研究の一部），中国の張・佐伯（1998）（日中共同研究，上記書の日本側論文も翻訳収録）などがこれにあたる。

　物流業をサービス業としてとらえ，その現状と課題について分析したものとしては中村（2005），大西（2008）がある。両者が用いているキーワードは「都市化」ではなく「物流サービスの広域化，高度化」であるが，その問題意識の多くは本章と共通している。同様の問題意識を受け継ぐ業績として李（2014）を挙げておきたい。なお，本章が対象とする消費段階の物流については，上記した業績でも一部取り上げられているが，流通部門の動向として分析している論考が多い（高・郭 2004; 松田 2005など）。こうしたなか田中ほか（2005）（日中共同研究）は，流通業と消費の発展・変容を関連付けて分析するというその問題意識において注目すべき業績である。

　近年では，物流業が急発展するなかで啓蒙的論考が多くなっており，個別の問題を深く分析した論考は減少している。後者については，同業に関連する官庁や業界団体，大学の研究機関が刊行する年鑑類が公表の場となってい

る。中国物流与採購聯合会・中国物流学会（2001-），中華人民共和国国家発展改革委員会経済運行局・南開大学現代物流研究中心（2002-）などである。これらに収録された論考は，物流業界の最新動向を知るうえで得難い参照資料となっているが，年鑑という形式の要請もあって現状報告にとどまっている論文が多い。なお，本章も対象としている物流政策・行政については汪・馮（2002）が今後の研究の基礎を提供している。

　総じて先行研究においては，本章のように物流業を構成する各アクターに焦点を当て，その機能や相互作用を分析した研究はあまり存在しないといえる。本章はこうした欠落の一部を埋めるものと考える。

　最後に本章の構成を述べる。まず第1節では，都市化の進展が物流業にもたらしている影響を，物流需要の変化とそれへの物流企業の対応という視点から概観する。ついで第2節では，物流業界団体の機能変化をみる。業界を取り巻く環境の変化，行政と企業を分離する行政改革への対応がポイントとなる。行革の経緯から業界団体は主管官庁と独特の関係を有し物流政策に関与しているが，その実態について検証する。第3節では，分析の視角を変えて，逆に物流業が有力な産業として発展したことが中央・地方政府の発展戦略に与えた影響について整理する。第4節では，物流分野における行政改革と，そのなかでの中央政府と地方政府の関係について整理する。そして最後に，本章で扱った社会的アクターすべてに影響を与えるであろう物流業政策の今後について，若干の展望を試みたい。

第1節　都市化と物流業の変容

　近年，中国の政策当局者は「都市化の推進」を経済成長と産業構造高度化のテコとして位置づけるようになっている。まずは，都市化と物流業発展の関係をみよう。

1．都市化の進展と物流業発展

「人口の都市集中」という指標で都市化の進展をみると，2011年時点の都市化率は全国平均で51.3％と50％を超え，本格的都市化時代が到来したことがわかる。また，1990～2000年まで（増加率約10％）に比べて2000～2011年に都市化が加速（同約15％）している。図5-1は，改革・開放開始（1978年）以来の「交通・運輸・通信業の付加価値生産額」と「貨物輸送量」を指数化しその推移をみたものである。2000年頃を境として前者の伸び率が後者の伸び率を上回っていることがわかる。

この事実から，都市化進展と物流業発展の間には正の相関関係があるかのようだが，事はそう単純ではない。試みに省市レベルで都市化率と交通運輸業の発展をみると，「都市化率の高さ」と「全GDPに占める交通・運輸・

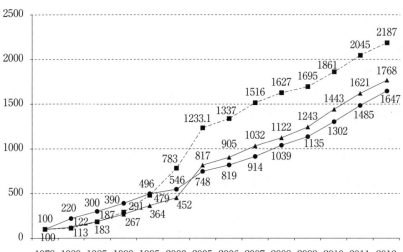

図5-1　交通・運輸・通信部門の実質GDPと貨物輸送の推移（1978年＝100）

（出所）　中華人民共和国国家統計局（各年）より筆者作成。

表5-1 各地方の都市化率と交通運輸業GDPシェア（2011年）

(単位：％)

省市名	都市化率	交通運輸業GDPシェア	省市名	都市化率	交通運輸業GDPシェア
北京	86.20	5.30	湖北	51.83	4.40
天津	80.50	6.20	湖南	45.10	4.80
河北	45.60	8.40	広東	66.50	3.90
山西	49.68	6.60	広西	41.80	4.90
内モンゴル	56.62	6.90	海南	50.50	4.90
遼寧	64.05	4.90	重慶	55.02	4.60
吉林	53.40	4.00	四川	41.83	3.00
黒龍江	56.50	4.00	貴州	34.96	10.00
上海	89.30	4.80	雲南	36.80	2.50
江蘇	61.90	4.20	チベット	22.71	3.80
浙江	62.30	3.70	陝西	47.30	4.50
安徽	44.80	3.90	甘粛	37.15	5.20
福建	58.10	5.60	青海	46.22	4.10
江西	45.70	4.20	寧夏	49.82	8.30
山東	50.95	4.90	新疆ウイグル	43.54	4.00
河南	40.57	3.70			

（出所）中華人民共和国国家統計局（2012）より筆者作成。

通信業のシェア」の間には相関関係はなく（表5-1），同シェアが高い省市は内陸部に集中している（網掛け部分）。これは，内陸省ほど貨物の輸送距離が長いことなどから，交通運輸部門の付加価値が大きくなりがちである現実を反映しているとみるべきだろう。都市化が物流業に与える影響については，都市化がもたらす物流需要の変化や業界の変容を分析することが重要であると考えられる。

2．都市化と物流需要高度化

分析を進めるために，つぎに近年の物流需要の変化を確認する。図5-2は，物流貨物総額と物流業の付加価値生産額の推移をみたものである。世界経済危機（「リーマン・ショック」）の影響で物流需要も2009年に大きく落ち込ん

図5-2 物流業の付加価値生産額推移

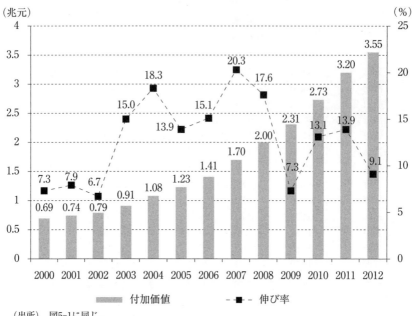

（出所）図5-1に同じ。

　だが，2010年以降の成長減速（10〜12年の成長率は13.1％，13.9％，9.1％）は経済全体のそれ（同10.4％，9.3％，7.8％）より小幅である。さらに図1に戻ると，2000年以降，物流業（ここでは，交通・運輸・通信部門）の付加価値生産額の増加幅が貨物輸送量のそれより大きいことがわかる。これは物流サービス価格の上昇を反映していると考えられるが，より注目すべきは，以下で分析するように，とくに都市部において消費者向け物流需要が急拡大したことである。都市化は物流需要に質的変化をもたらしている。

(1) 都市部における消費者向け物流需要の急拡大

　消費者向け物流サービスのなかでも，成長の速さが注目されているのが宅配業である。宅配業は2005年以降の郵政体制改革の過程で，小包配送への民間企業参入が認められたことを契機に急発展し，ここ5年ほどの同業の売上

高増加率は毎年20％以上であったが，とくに2011，12年には前年比31.9％増，39.2％増，取扱件数は57％増，54.8％増を記録した（表5-2）。宅配業急成長の背景にあるのは，第1にネットショッピングの急拡大である。2011年末時点でのネットショッピング利用者数（延べ人数）は1億9395万人と前年比20.8％増，インターネット利用者数全体に占める割合でみても37.8％（前年比2.7％ポイント増）に達した。ネットショッピング取引額が社会消費品小売総額に占める割合も，2008年1.1％であったものが12年には6.0％に上昇している。第2に，都市住民の間で，贈答品を贈り合う機会が増え，そこで宅配便が使われている。第3には，ビジネスやプライベートでの重要文書配達需要である。従来ならば郵送された各種文書が，配達の速さや確実さを求めて宅配便で送られるようになっている。

　宅配業コンサルティング会社「快逓諮問網」によれば，2010年における同一都市内の宅配取扱件数の42％，異なる都市間の同件数の35％がネットショッピング関連の業務だという。また，インターネットショッピングの商品配送の7割以上に宅配便が使われており，宅配便の総取扱件数の半分以上を占める（文 2012, 33-34）。中国においても都市化の進展にともない上記3種類の物流需要はさらに拡大すると予想され，宅配業の急発展が続きそうだ。

表5-2　宅配業の発展状況

年	売上高		取扱件数	
	総額(億元)	伸び率(％)	総件数(億件)	伸び率(％)
2007	342.6	17.4	12.0	20.6
2008	408.4	19.2	15.1	25.9
2009	479.0	17.3	18.6	22.8
2010	574.6	20.0	23.4	25.9
2011	758.0	31.9	36.7	57.0
2012	1055.3	39.2	56.9	54.8

（出所）　図5-2に同じ。元データは国家郵政局。

(2) サービス需要の高度化と課題

　宅配業の発展は，サービス内容の高度化を伴っている。配送における時間指定配送，冷蔵配送などに加え，配送時における料金決済や保険付与など，その内容は，より高い輸送品質を求める都市生活と強い関連を有している。こうしたサービスでは，ノウハウをもつ外資系宅配業者が先鞭をつけてきたが，地場業者も急速にこれにキャッチアップしている（田中 2013, 70-71）。

　もっとも，宅配サービスの急速な普及，高度化には課題もみえてきている。まず，宅配をめぐる苦情件数が急増している。国家郵政局によると，2011年の郵政事業全体の有効苦情件数[1]は5万889件で前年比4.2倍と急増，そのうち大多数を占めるのが宅配に関するもので，前年比4.4倍の4万9466件と全体の97.2%を占めた。具体的内容では，①配達の遅延，が最も多く，次いで②集荷配達のサービス態度，③紛失，などである。苦情に関する国家郵政局の統計は月別となっているが，2011年12月の内訳は，①60.9%，②19.7%，③13.7%であった（文 2012, 35）。2011年は宅配需要が急増した年なので取り上げたが，それ以降も苦情の大まかな趨勢は変わっていない。苦情の内容が示す課題は，物流の業務体制そのものにかかわるものであり，物流業界全体の課題であるといえる。

3．物流企業の対応と行政への要求

　それでは，これらの課題について物流企業や物流業界団体はどう認識し，どう対応しようとしているのだろうか。それぞれのレベルでの対応と行政に対する要求内容をみておこう。

(1) 個別企業の対応と行政への要求

　物流企業が直面している第1の課題は，労働力の確保である。物流業を含むサービス業が急発展するなか，都市部の有効求人倍率は2010年以降1.0を超えている。また，都市部就職者平均年収の上昇幅は2001年以降2ケタ水準

が続いている。このため，とくに労働集約型である宅配業では人員確保が難しく，離職率も高い。物流企業は賃金の引き上げによって対応するしかない状況だ。

　第2の課題は，第1の課題と関連するが，人材養成である。宅配業を中心としてサービス内容の高度化に対応できる人材が必要であるが，こうした人材については，行政に働きかけて何らかの「資格」とそれに応じた処遇を設定することでその供給を促すという方法が考えられる。すでに行政側（国家郵政局）は「快逓服務"十二五"規画」[(2)]（2013年）において宅配専門人員の供給増を打ち出しているが，今後は，物流全般にかかわる資格である「物流師」[(3)]に宅配業に対応した項目を盛り込み，「宅配専門人員」の質の向上をめざす措置が取られる可能性もある。

　第3の課題は，効率的物流体制の確立である。たとえば宅配業では，集配送の拠点確保が必須だが，都市部では地価高騰が続き，困難度が増している。一部の物流企業は，コンビニエンスストア・チェーンと提携して集配送の窓口業務を委託するモデルを模索しているが，これには行政のバックアップが必要である。広州ではすでに同モデルが施行され，国家郵政局もこのモデルを活用する方針を固めており，今後の推移が注目される（文 2012, 36-37）。

　以上でみた物流業をめぐる諸課題の特徴は，第1に，都市化とともに発生し深刻化していることである。第2に，課題の性質上，個別企業で対応することには限界があり，行政機関の支援，規制が求められることである。第3に，第2の点に付随して，行政への働きかけが必要であり，そこで物流業界団体の役割が期待されることである。

(2)　業界としての対応と行政への要求

　物流業界の課題に対して物流業界団体がどう対応しているのかについて概観しておこう（物流業界団体自体の詳細な分析は第2節，第3節で行う）。業界団体には，メンバー企業間の情報交換に加え，企業と行政をつなぐ役割が期待される。とくに物流業は成長途上の産業であり，サービス内容や業態は変

化の途上にあるだけに，業界団体にも他の産業以上の存在意義がある。

たとえば，前項でみた物流業の資格「物流師」は，国家人的資源・社会保障部の委託を受けて全国レベルの業界団体の中国物流・購買連合会（中国語：中国物流与採購聯合会）が認定試験を実施している。また，物流業にかかわる各種の標準，基準の制定についても同連合会が深くかかわってきた（中国物流与採購聯合会 2011，前言）。同会に代表される全国レベルの業界団体は物流政策全般にかなり広範に関与しているといえよう。

最近の例として，物流業に関する税制の変更実験と，その過程での業界団体の関与をみよう。同実験は，従来物流業の主要な税目であった営業税を付加価値税（中国語：増値税）に変更する試みである（中国語で「営改増」と略称）。行政側のそもそもの意図は，物流業への課税を軽減してその振興を図ることにあった。たとえば次の例で計算すると，付加価値税の方が税負担は軽減される。

「営業金額1億元の交通運輸企業」を想定すると，営業税率は3％で納税額300万元となる。これを増値税に変更すると交通運輸業の付加価値税率は11％なので税額1100万元となるが，増値税では，同企業が外部から購入した中間投入は控除される。そこで中間投入が5000万元あったと仮定すると，5000万元に一般の付加価値税率17％を掛けた850万元は上記の1100万元から控除されるので，実際納税額は1100万元－850万元＝250万元となる。これは営業税で納税した場合より50万元少ないことになる。

しかし，実際には上の例でみたような課税標準の算定が難しい。物流業が営業税を課されてきたのは，付加価値税の前提となる中間投入，「仕入れ価格」「販売価格」といった概念がなじまないためである。実験では，物流サービスが付加する価値について物流段階でかかる各種コストを合算し課税する方式を試行したが，コストのなかには証憑（エビデンス）がないもの（たとえば道路通行料金，燃料給油料金など）も多かったため，実際の税負担が営業税の場合より重くなるという問題が発生した。

そこで，業界団体（同実験は都市を選定して行われたため実験都市の物流協会

など)は,従来税率を超える課税は行わないよう行政側に求め,暫定措置としてではあるが,これを認めさせたという[4]。

第2節　物流業界団体の再編と機能変化

　本節では,物流業界団体そのものを分析の対象とする。計画経済時代の中国には本来の意味での業界団体は存在しなかった。行政(国・地方政府)が生産計画を立案し,企業がそれを実施する体制では,業界団体のように両者を仲介する組織は必要なかったといえる。しかし,社会主義市場経済体制をめざす国有企業改革と行政改革のなかで行政と企業の分離(中国語：政企分離)が進展すると,業界団体も再編され,その機能を大きく変化させることとなった。

1．行政側の業界団体への要求

　行政と企業の分離によって設立された業界団体には大別して3つのタイプが存在する。第1は,まったく行政機能を有さない経済実体となったもの。第2は,各業種の協会として国務院(中央政府)直属機構となり政府部門の業界管理機能を代行するもの。第3は,改組・縮小された行政機構が残り,それとは別の団体として組織されたもの。物流業界の場合は,第3のタイプである。すなわち,行政機関として国家発展改革委員会,商務部,交通運輸部,鉄道部[5]が存在し,業界団体はそれらの管理と指導を受けるという体制である。

　こうした体制では,行政部門の側は,業界団体に対して(1)企業のとりまとめや業界情報の収集,(2)行政の打ち出す政策の周知徹底,などを期待することになる。また業界の実態をみると,物流企業の大部分は中小企業で,2011年の統計によれば年間営業収入が300万元(2013年為替レートで約4800万円)

表5-3 物流関連団体（全国レベル）

名称	設立年	性格	会員企業数	主務官庁	備考（発行雑誌など）
中国物流・購買連合会	2001	社団法人	7500余。全国規模の専門業種協会26，事業単位7を所管。	商務部	中国物流研究会，中国物資流通学会，中国物資流通協会を合併して設立。『中国物流与採購』（中国物流学会と共管）。
中国物流学会	N.A.	学術団体			
中国交通運輸協会	1982	社会経済団体	地方協会52 企業・事業単位825	国家発展改革委	
中国商業連合会	1994	社団法人	500余	国有資産監督管理委	『中国商人』『商会通訊』。中国チェーン経営協会を所管。
中国倉庫貯蔵協会	1997	社団法人	約200	商務部	
中国物資貯蔵運輸協会	N.A.	社団法人	180		
中国電子学会	1962	社団法人		工業・情報化部，中国科学技術協会	
中国電子商務協会	2000	社団法人		工業・情報化部	
中国国際フォワーダー協会	2000	社団法人	539	商務部	国際フォワーダー協会連合会会員
中国対外貿易経済合作企業協会	1989	社団法人		商務部	
中国包装技術協会	1980	社団法人		商務部	
中国物流技術開発協会	N.A.	社団法人		商務部	
中国鉄道学会	1978	社団法人		鉄道部，中国科学技術協会	『鉄道学報』『鉄道知識』
中国道路学会	1978	社団法人	団体760 個人4.9万人		『中国公路学報』『中国公路』
中国民用航空協会	N.A.	社団法人	197	民用航空総局	
中国船主協会	1993	社団法人	200余	交通運輸部	
中国港湾協会	1981	社団法人	単位224 個人1.2万人	交通運輸部	国際港湾協会連絡会員
中国船舶代理業協会	2001	社団法人		交通運輸部	
中国情報経済学会	1989	学術団体		教育部，中国人民大学	

表5-3 つづき

名称	設立年	性格	会員企業数	主務官庁	備考（発行雑誌など）
中国機械工程学会物流工程分会	1980	学術団体	400余		
中国交通企業管理協会	1985	社団法人	1100	交通運輸部	『交通企業管理』
中国道路運輸協会	1991	社団法人	団体1000 企業30万社	交通運輸部	『中国道路運輸』
香港物流協会	N.A.				
台湾物流協会	1996				

（出所） 中国物流与採購連合会（2002; 2003）などより筆者作成。

以下の企業が全体の40％を占める。個別企業の力量は小さく，こうした点からも業界団体が果たす役割は大きいといえる。表5-3は主要な物流業界団体（全国レベル）の一覧である。

なお，各都市にも物流協会が存在し，相互の連携を模索している。早くも2008年には北京，上海，広州など18都市[6]の物流協会が合同会議（中国語：聯席会議）を結成し，行政の壁を超えて，都市部の物流に共通する問題に関して情報を交換し，共同で取り組もうとしている。

2．業界団体の機能，行政機関との関係

業界団体の側は，上記した行政側の要請をふまえて，かなり多様な機能を果たしている。全国レベルの団体である中国物流・購買連合会の場合は以下のとおりである（中国物流与採購聯合会 2002, 431）。

(1)政府の物流業政策，生産財流通に関する方針や法規の周知，徹底
(2)業界企業の要望や要求の政府へのフィードバック
(3)政府の委託を受けた業界調査，業界統計の実施
(4)政府に対する業界発展計画，産業政策，立法などの建議
(5)物流市場の調査，分析，情報・コンサルティングの提供
(6)物流企業の改革と産業発展の推進

(7)各種学術討論会，報告会などの組織
(8)商品流通や物流に関する国家標準，業界標準，技能検定，品質標準などの制定や改正への参与
(9)物流業の専門的人材の養成
(10)国外経済団体などとの交流
(11)会の刊行物，年鑑，資料その他出版物の発行
(12)政府部門から委託された業務の実施

　また，同会は，全国レベルでの物流業政策の調整・協議機関である全国現代物流工作部間合同会議（中国語：全国現代物流工作部際聯席会議）に代表を送っている。同会議の構成メンバーは，関連諸官庁や業界団体である。このほか，個別ケースで業界団体が主体的に行政側への働きかけを行う例もみられるようになっている。前節でみた「営改増」実験過程における各地物流協会の動きはその一例である。

　業界団体がこうした機能を果たしている背景には，本節冒頭で述べたように団体の多くが行政機関との密接な関係のなかから生まれてきたという経緯がある。とくに中国物流・購買連合会のような全国レベルの団体（中国語：頂上団体）と主管行政機関との間には中国語で「挂靠」（指導，支援を受ける，の意）と呼ばれる密接な関係がある。具体的には，業界団体が行政機関から財政的支援を受ける一方，その「天下り」の人員を受け入れるといった関係である。同連合会の場合，会長，副会長などの指導者は元官僚であり[7]，その給与は主管行政機関の財政支出でまかなわれている。

　業界団体の財政状況に関する資料は基本的に内部資料で部外者が入手することは困難だが，同連合会の収入としては，(1)会員企業からの会費収入，(2)上記した一部人件費の補助，(3)行政機関や企業から調査を受託した場合の収入，(4)「物流師」資格試験実施を請け負うことにともなう収入，などがあるとみられる。ただし，それだけで収支均衡を図るのは難しいようだ。上海市の業界団体へのアンケート調査結果によると，運営資金全額を政府からの財政支援でまかない得ているのは全体の4.5%にとどまっている（馬 2012, 222）。

その他の業界団体は自助努力を求められており,その財政状況は,一般的に想像されるより厳しい。

こうした状況下,中国物流・購買連合会の例でみられるような政府との関係についてどう評価すべきだろうか？　たとえば,財政的支援は,団体が行政業務を代行することに対する費用支出であると考えられる。また,行政機関との人的関係は,「政企分離」改革の際に,行政機関の人員を引き受けさせられたことが一因である。さらに人的関係は,団体と行政機関が相互に働き掛ける場合のルートとしての意味もある。実際に,行政機関側は団体を重視しているし,業界団体へのアンケート調査などによると,団体の側も行政機関との人的関係（「天下り」受け入れ）が業界利益の実現のために有効だとの認識を有している（黄 2011, 74）。現在の両者の関係は,それが制度化されるまでの過渡期の体制として意味があり,肯定的に評価されるべきではないかと筆者は考えている。

第3節　物流業の発展と都市政府

つぎに,視点を変えて,物流業と都市政府との関係を考察する。物流業は,2009年に国務院が指定した「十大産業」[8]にサービス業として唯一含められ,第12次5カ年長期計画（2011～15年）でも発展を図るべきサービス業に位置付けられたことから,多くの地方政府が重視するようになっている。これは,環境汚染や騒音などの公害をもたらす製造業が都市政府に歓迎されなくなっていることと好対照をなしている。

1．都市発展戦略への影響

こうした動きの背景としては,物流業の発展が都市政府の政策需要に合致していることが挙げられる。物流業の発展は,第1に,産業高度化（サービ

ス経済化)に直結し(論点①),第2に,商業や製造業などその他産業の効率化をもたらす(論点②)。そして,第3に,域外から企業を吸引するなど多面的な効果が期待できる(論点③)。また,ある都市の経済的・社会的影響が及ぶ「都市圏」の範囲を規定する最大の要因は物流であり,発展戦略の地理的範囲を物流が決めること(論点④)も重要である。以下では,これらの論点について現実の都市発展戦略を例に,もう少し具体的にみてみよう。

(1) 上海市の例

上海市は,発展戦略の中心に「4つのセンター」(国際経済,国際金融,国際水運,国際貿易のセンター)構想を掲げてきた。物流はそのすべてに関係するが,なかでも国際水運物流の発展に最も力が入れられている。市の第12次5カ年長期計画[9](2011〜15年)をみると[10],第1に,単に物流インフラを建設するだけにとどまらず,物流サービスの内容を国際水準に高めることがめざされている点が特徴的である(論点②)。第2に,物流業の発展は,上海市の経済がサービス化していく方向性のなかに位置づけられており,計画最終年におけるサービス業のGDP比率は65%(2012年は60.4%)と想定されている(論点①)。ちなみに2011年の同数値は57.9%,うち物流業が11.7%であった。第3に,国内物流ネットワークのなかでは,上海市は長江デルタ地域の中枢であるとともに,長江沿いを中心とする中部・内陸地域のヘッドクォーター機能を果たすことをめざすとしている(論点④)。5カ年長期計画には,冒頭で指摘したポイントの多くが含まれている。

(2) 湖北省の例

上海市が沿海部の物流を代表するとすれば,湖北省は内陸部の物流を代表する。産業構造をみると,サービス業のGDP比率は2012年に36.9%と上海に比べるとかなり低い段階だが,古来より「九州通衢」(各地に通じる交通の要衝)と称される地理的優位性を有することから,発展戦略においても物流を重視している。同省の第12次5カ年長期計画の産業別版である「湖北省

サービス業発展"十二五"長期計画」[11]でも,「近代的物流業」が「金融サービス業」に次いで「突破的に発展を図るべきサービス業」に位置づけられており（論点①），さらに「湖北を中部ないし全国における重要な近代的物流基地に建設する」と謳われている（論点④）。

　湖北省政府，武漢市が交通インフラだけでなく，物流パークに代表される総合的物流サービスを提供できるインフラの建設に努力してきたことで物流事情は改善した。その結果，ここのところ外資企業，内資企業の進出が増加しつつある[12]（論点③）。ここでは，物流業に先導された発展戦略の有効性が示されたかたちとなっている。

2．物流業界団体と都市政府

　先に中央主管官庁と全国レベルの業界団体の関係に触れたが，地方レベルではどうであろうか。北京と上海の業界団体を例に，その概要と筆者のヒアリング結果を以下で紹介する。

(1) 北京物流協会

　2003年に設立。2013年の会長は北京糧食集団有限公司[13]総経理，副会長には中鉄快運株式有限公司副総経理，北京市郵政公司副総経理など宅配部門をもつ国有企業トップが名を連ねる。民営企業トップの名もあるが，行政機関主導の団体である。市商務委員会が主管，市発展改革委，市財務委，市交通委，市鉄路局の指導も受けている。正規会員（会費納入）企業は300社余りで，協会本体の職員は6人。このほかに，会員企業などに各種情報を提供する「情報センター」があり，職員20人。下部団体として北京物流協会農産品分会，北京市通州区物流協会，北京市朝陽区物流協会を有する[14]。

　同協会の「章程」によれば，その主たる役割（中国語：職能）として挙げられているのは，①国家と北京市の物流発展政策の宣伝・貫徹，②国内外との交流，視察，企業誘致，③会議，フォーラム，訓練などの活動，④物流業

に関する諮問業務，⑤情報発信，出版，対外宣伝，⑥業界の標準や政策制定への参与，政府への建議，⑦業界内の各種評価活動，業界の自律性育成，⑧政府の委託事項，企業のための資金獲得，である（北京市商務委員会 2013, 435）。同協会でヒアリングしたところでは，なかでも重視されているのは④，⑤である。この機能を担う「情報センター」には上記したようにスタッフ20人が投入されている。

なお，行政との関係では，税制改革「営改増」実験をめぐる協会の動きが注目される。同実験の過程で，協会は業界の利益を守るべく行政機関に働きかけて成功している（第1節第3項(2)参照）。

(2) 上海市物流協会

1993年に上海市物資流通行業協会を基礎に改組・設立。同種団体としては最も早期に設立されたものといえる。正規会員企業は900社，非正規会員企業は2000社に上る。定期刊行物として『現代物流業発展動態』がある[15]。

同協会の「章程」によれば，その主たる役割は，①業界へのサービス，業界の自律性育成，業界を代表し，業界の協調を図ること，を基本として政府・企業間の橋渡し，紐帯として会員の合法的利益を保護すること，②物流市場の公開・公平・公正と秩序ある運営を維持すること，③海外の同業界との国際交流を強化すること，④科学的発展観を貫徹し，国民経済発展戦略を導きとして，上海の地域的優位・資源優位を十分に発揮し，上海に立脚しつつ長江デルタ地域と連合し，全国に影響を与え世界に向かい，上海の近代的物流産業の発展を推進してサービス経済を主とする産業構造の形成を加速し，上海の「四つの先行」[16]を実現し，「四つのセンター」（前出）を建設する戦略的目標に貢献すること，である。

まず，①業界へのサービスが筆頭に挙げられ，「政府・企業間の橋渡し，紐帯として会員の合法的利益を保護すること」が強調されている点は，業界団体本来の姿である。一方，④で政治スローガンを前面に出している点には，同協会の行政的性格が表れている。会長は有力な国有商業グループである百

聯集団[17]の元社長であり，上述した北京のケースと同様である。

　ただし，注目されるのは，上海市物流学会が同協会の兄弟団体とされている点である。同学会の構成メンバーは，30～40の物流関連大学・研究機関などと学者・専門家を中心とする個人会員300人であり，『上海物流』（季刊）を発行している。物流業に関する調査・研究を通じて物流業界や関連行政機関に貢献することがおもな役割である。上海の物流業界は，上記した地方レベルの行政機関との関係に加え，研究機関との関係も重視しているといえる。

　なお，「営改増」実験については，上海は先行して取り組んだことから問題点も早くに認識されており，協会として中央政府（交通運輸部，商務部）に対してその改善策を建議している。建議を受け，その後上海において，中国物流・購買連合会と国家発展改革委員会共催の「営改増」実験に関する全国レベルの検討会議が開催されたとのことであった[18]。北京のケースと併せて，業界団体が独自の影響力を発揮した事例として注目される。

(3)　業界団体の内部ガバナンス構造と評価

　つぎに，業界団体と地方政府との関係について，業界団体の組織構造からみてみよう。まず，図5-3に物流業を含む界団体一般の組織構造のプロトタイプを示す（馬 2012, 12）。会員企業代表大会を最高議決機関として，日常的決定は理事会・常務理事会が行い，実際の業務は秘書長・秘書処が統括する各部が行う体制である。これらの点を定めた「章程」を有し，「非営利の社会団体」という法的ステータスに沿ったガバナンス構造を有している。

　会員企業からの評価について上海市の例をみると，①団体の有用性については，大多数が肯定的に評価し，②団体と会員企業との関係についても大多数が「密接，ないし比較的密接」としている（馬 2012, 14-15）。

　一方，課題としては，①産業構造の変化に即応できていないこと，②行政や大企業への依頼度が強く，自ら発展しようとする動機が不十分であること，③マンパワー，財政力ともに弱体であること，④団体間の格差が大きいこと，などがある。①については，製造業・商業分野の団体が多いのに比して金融，

図5-3 業界団体の組織機構図（典型例）

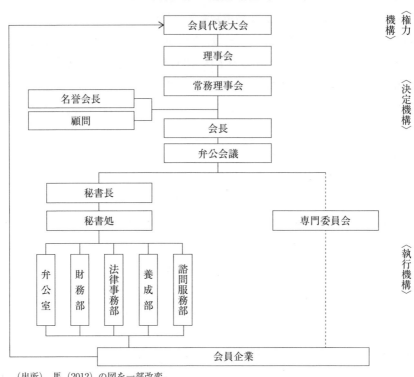

（出所）馬（2012）の図を一部改変。

教育，衛生・社会保障，ハイテク産業分野の団体が少なく，都市化に伴う社会・経済の発展に追いついていない。②③については，主として関連行政機関や大企業が人，資金を出していることから，団体のサービス提供がそれらの出し手向けに偏っていたり，絶対的に不足している。④の実態をみると，たとえば上海では，「維持型」（団体を維持するのがやっと）が6.9％，「温飽型」（日常的活動が何とか展開できる）が37.1％，「小康型」（これに加え，業界の発展に資する活動ができる）が35.2％，「富裕型」（比較的強いサービス機能と業界への影響力をもつ）が20.8％，となっている（馬 2012, 17-21）。

(4) 業界団体と行政部門

図5-4は，地方レベルにおける業界団体と関連する行政部門，他団体との関係を図示したものである。業界団体の法的ステータスは社団法人であるので社団管理局の監督を受けるが，日常的には，元の主管部門（図中では「業務指導部門」）の「指導」の下に業務を展開している。「指導」内容はわが国の「行政指導」に類似したものと理解できるが，現実には部門と業界団体の間で認識に隔たりがあるようだ。元の主管部門の半数程度が従来の方式で団体を「主管」したいと考えているのに対し，業界団体側はほぼ7割が，より緩やかな「指導」方式に切り替えてほしいと考えている（馬 2012, 44）。

「政企分離」の趣旨をふまえれば，業界団体側の認識が正当であり，行政側の認識は後れているといえよう。業界団体が本来の意味での社団として活動していくためには，構成メンバーの意思を正しく反映し，内部ガバナンスを強化すると同時に社会（都市社会を含む）からの監督を受け入れるようにしなければならない。その上で行政部門からの監督も受ける，という多元化された監督・管理体制を構築することが求められている（馬 2012, 45）。

図5-4 業界団体の関連機関との関係

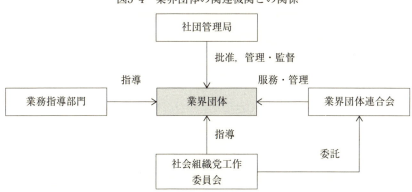

（出所） 馬（2012）の図を一部改変。

第4節　物流分野の行革と中央・地方関係

　ここまで，都市化にともなう物流業発展の実態と，そのなかで物流関連行政機関や物流業界に生じた変化を概観した。変化の現場に近い物流企業，業界団体の順序で分析してきたが，最後に行政機構・体制の変化，中央・地方行政機関の関係について整理し，今後の物流業政策の展開と物流業発展についての示唆を得たいと考える。

1．中央レベルの行政体制・機能の変化

　中国では，ほぼ10年ごとに中央行政機関の大幅な改革が実施されてきた。図5-5は，物流関連官庁を中心にその変遷を整理したものである。行政（官庁）と産業（企業）を分離する「政企分離」は1993年改革から開始された。その多くは，産業別官庁が業種別に公司化（たとえば，航空宇宙工業部の公司化），「総会」化（同，軽工業部の総会化）される方式であった。直近の2013年行革では，鉄道部が中国鉄道局（交通運輸部に編入）と中国鉄道総公司に分割された。この方式では，場合によって行政部門が残存するが，その後の累次の行革ではこれら行政部門についても再編・統合が図られている。通常は，行革にともない行政部門は業界の直接的管理機能を手放し，産業発展戦略・政策の策定や各種基準の制定などに特化し，組織人員は縮小される。また，行革に並行して，業界団体の再編が図られるが，その内容によって団体に3タイプができることは第2節第1項で述べたとおりである。
　物流業においては，図5-5で示したような行革と並行して，新たな政策の策定が進められた。本格的政策文書の第1号は「我が国の近代物流の発展加速に関する若干の意見」（2001年3月）で，国家経済貿易委員会，鉄道部，交通部，情報産業部，対外貿易経済合作部，中国民用航空総局（いずれも当時の名称）という物流に関与する6部委が共同で公布したものである。続いて

第 5 章 都市化の中の物流業 143

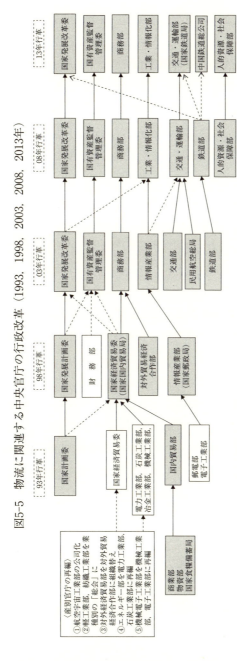

図5-5 物流に関連する中央官庁の行政改革（1993, 1998, 2003, 2008, 2013年）

(出所) 国務院弁公庁秘書局・中央機構編制委員会弁公室総合司 (1995; 1998), 許放 (2012), 各種報道より筆者作成。
(注) 網掛けが関係官庁。点線は一部移管, 機能移管などを示す。実線は組織移管を示す。鉄道部, 交通部, 民用航空総局は03年まで変化なし。

2004年8月には「我が国の近代的物流業の発展を促進することに関する意見」が公表された。これらは，より本格的な政策文書にあたる「全国近代的物流業発展長期計画要綱」の準備と位置付けられていたが，本章執筆時点（2014年3月）で最終版は公表されておらず，第11次5カ年長期計画（2006～10年），「物流業の調整と振興長期計画」（2009年），第12次5カ年長期計画（2011～15年）において，物流業の発展方針が示されるかたちで進んできている。ただし，それぞれの内容は「ガイドライン」的で，詳細な目標とその実施方法を定めたものではない（大西 2013）。

近年の動向で特徴的なのは，各種の「標準」を制定する一方で，業界の日常的な管理については業界団体に委託する部分が拡大しているようにみえることだ。物流に関しては「全国物流標準専項長期計画」に沿って37項目（分野）にわたる「標準」が制定されていくことになっており，2012年末時点で，正式に公布実施されているのが3項目，国家標準委員会に報告し批准を得ているのが1項目，専門家の審査を通過しているのが8項目，などとなっており，本稿執筆時点では，すべてが審査段階に入っているはずである（中国物流与採購聯合会 2013, 461）。

既述のように，これまでのところ物流業政策の実施手順は，「物流を所轄する行政機関が協議・調整を繰り返しながら産業政策文書をまとめて業界に示し，地方政府や企業にその実施を求める」という方式が主だったが，行政機関の機能は，直接的な指導から「標準」や業界（団体）を介したより間接的な誘導に変化していくのかもしれない[19]。この判断の当否については，まだこれから観察を継続していかなければならないが，示唆に富む指摘であるといえよう。

2．中央のガイドラインと地方性法規

前項で，中央行政機関が策定・施行する政策文書は「ガイドライン」的な性格が強いと述べた。地方行政機関は中央政策文書に基づいて地方性の政策

文書を作成しているが、両者の関係はどのようなものなのだろうか。当面の物流業政策の基本方針を規定している「物流業の調整と振興長期計画」を例に、中央政策文書とそれに対応する地方政策文書を対比させて分析する。そのことで、各都市が中央の物流業政策を受け入れつつ独自の発展を図っている姿が明らかになるだろう。

(1) 中央の「調整振興計画」

中国では、わが国の「総合物流施策大綱」[20]にも擬せられる「全国近代的物流業発展長期計画要綱」(以下、「長期計画要綱」)が準備されてきた。ただし、2008年春に意見徴収稿がまとまり、関係部門の意見徴収が開始されたとの報道の後、いまだ公布されていない。この間隙を埋めるかたちで公布された政策文書が、2009年3月の「物流業の調整と振興長期計画」(以下、「調整振興計画」)である。「規画」＝長期計画と題されているが、実際の適用期間は2009～11年である。

注目されるのは、「主要任務」のなかで、①「九大物流地区」、②「十大物流ルート」、③「物流結節点(中国語：節点)都市」というカテゴリーが示され、地理的範囲や都市名が明記されていることだろう(表5-4)。ここには、物流の観点からみた都市経済圏の姿とその発展方向が示されているといえる。

また、続いて指定された「重点プロジェクト」の内容からは、発改委、工業・情報化部、交通運輸部、商務部など物流関係部門が当面重視している分野が読み取れる。列記すると、①複合一貫輸送の強化、②物流モデル園区建設、③都市内配送システム整備、④太宗商品(鉱産物など)と農産品の物流改善、⑤製造業からの物流機能分離などを通じた製造業・物流業の連動した発展、⑥統一された物流標準と技術標準の普及、⑦物流情報の公共プラットフォーム建設、⑧物流分野での自主技術開発、⑨突発的事態に対応できる緊急物流システムの整備、である。都市の物流問題が3番目に提起されている。こうした「主要任務」、「重点プロジェクト」にのっとったインフラ建設、政策配置が進めば、物流業も大きな影響を受けることはいうまでもない。

表5-4 物流業の調整と振興長期計画の主要任務一覧

①九大物流地区	華北（北京，天津を中心とする，以下同），東北（瀋陽，大連），山東半島（青島），長江デルタ（上海，南京，寧波），東南沿海（アモイ），珠江デルタ（広州，深圳），中部（武漢，鄭州），西北（西安，蘭州，ウルムチ），西南（重慶，成都，南寧）
②十大物流ルート	東北・山海関内，東部地区の南北，中部地区の南北，東部沿海・西北地区，東部沿海・西南地区，西北・西南，西南地区の出海，長江・大運河，石炭物流，輸出入物流
③物流結節点都市	全国性（北京，天津，瀋陽，大連，青島，済南，上海，南京，寧波，杭州，アモイ，広州，深圳，鄭州，武漢，重慶，成都，南寧，西安，蘭州，ウルムチ） 地区性（ハルピン，長春，パオトウ，フフホト，石家荘，唐山，太原，合肥，福州，南昌，長沙，昆明，貴陽，海口，西寧，銀川，ラサ）

（出所）「物流業調整和振興規画」。

そして「調整振興計画」の末尾では，①各地方政府がこれにのっとり，各地独自の状況などを盛り込んだ実施方案を作成すること，②実施過程で発生，直面した新たな状況や問題について発展改革委員会，交通運輸部，商務部などの関係官庁に報告すること，が明文で求められている[21]。地方政府からみれば，中央政府によるモニタリングが続くことになる。

(2) 地方の「調整振興計画」実施方案

ここでは，上海市の例を取り上げる。その特徴は，①2009年3月の「調整振興計画」公布を受け，同年7月という早い時点で作成されていること（北京市は2010年1月），②作成が早いにもかかわらず，全国版の政策をふまえながら地方の独自政策を打ち出していること，③個別の施策項目について，その実施に責任を負う部署を明記していること，などの点にあり，市政府の政策策定能力の高さを示したものとなっている。

たとえば②③については，(ア)「全国性の物流結節点都市」として深水港（筆者注：洋山港），外高橋（水運機能），浦東空港（空港機能），西北（総合機能）という4つのタイプの異なる物流園区を建設する（発展改革委，商務委，

経済情報化委が責任を負う）としているほか，(イ)「全国の物流地区」（筆者注：「九大物流地区」）と「物流ルート」建設の要求に応えて長江デルタ地区と長江流域の物流機能を一体化させる（商務委，合作交流弁公室が責任を負う）という目標も掲げている。また，(ウ)生産部門に向けた高度な物流サービスである VMI 管理[22]や JIT 配送[23]，RFID 技術[24]の普及を図る（経済情報化委が責任を負う）一方，(エ)消費者向けの物流サービスである市内配送物流（宅配便）の効率的システムを構築する（国土資源局，商務委が責任を負う），などバランスのとれた政策実施が計画されている（上海市人民政府「本市貫徹〈物流調整和振興規画〉的実施方案」）[25]。

(3) 中央政府と地方政府

「調整振興計画」を例に，中央政府と地方政府の政策文書の実態をみた。その結果からは，各地方政府が，全国版の政策をふまえつつ，かなりの自主性をもって自地域の発展に応用しようと努力していることがわかる。中央政府の政策文書が示しているのは「全国的な見取り図」にとどまっており，地方政府はその大枠に反しないかぎり，フリーハンドをもって政策項目を制定している。

そして，実はこうした傾向は物流業政策分野に限ったことではない。中央政府が制定する5カ年計画の地域経済振興策をみると，第10次5カ年計画（2001〜05年）では西部大開発[26]に明確なプライオリティがおかれていたが，第11次5カ年長期計画（2006〜10年）の途中からは複数の地域経済振興策が併記されるようになり，期間が延長された西部大開発以外に対しては政策的優遇も小幅なものしか用意されなくなっていった。現在，中小のものも含めて20以上の地域経済振興策が認可されているが，中央政府は認可を行うのみで，その実施は当該地域政府に任されている。

物流業政策の実施においても同様に，中央・地方政府による直接的指導方式から間接的誘導方式への移行が進むことと予想される。物流業界と業界団体の側もこうした変化に対応した活動方式，組織体制を構築していくことが

求められよう。

おわりに

　中国において物流業は新興産業に属する。加えて，計画経済時代には流通や物流は付加価値を生み出さない部門と認識されていたこともあって，物流業を対象とする産業政策が策定されることもなかった。実体経済のなかでは，物流は個別産業に付随する部門として形成され，機能してきたといえる。しかし，本章でみてきたように，都市化の進展とともに消費者向け物流が急成長したこと，さらには，中央・地方政府の物流振興政策によって物流業の変化が加速し始めている。

　たとえば，物流業は宅配業という新規成長分野を得て，そこを中心に従来なかったサービスを提供する段階に入ったといえる。また，経済成長がサービス経済化段階に到達するなか，中央・地方政府は「サービス業としての物流業」に注目するようになった。2009年には中央政府が，今後の基幹産業「十大産業」のひとつに物流業を指定した。サービス業からは唯一の指定である。地方政府（とくに都市政府）は，経済全体への波及効果が大きい産業として，物流業を地域経済発展の柱のひとつとすることも多くなってきた。

　一方，中央・地方を問わず政府は物流業の扱いに習熟しているとはいえず，そこに個別企業と政府を橋渡しする物流業界団体の存在意義が生まれている。業界団体は「政企分離」によって行政から独立した当初は，行政の末端組織・機能を代行するだけの存在だったが，物流業自体の発展につれて新たに発生する問題・課題への対応を期待されるようになった。とくに近年，都市化の加速にともなって物流業を取り巻く環境は急変しており，個別企業レベルでも業界レベルでも対応すべき課題は山積している。業界団体は，これらの課題に対応する過程で一定の役割を果たす一方で，自身も規約を整備し，運営経験を積んできており，対外的情報発信や政府への働きかけを強化して

いる。

　また，物流業関連の政策文書の変遷をフォローしてみると，物流業に対する政策は，直接的な行政指導のみに頼るのではなく，各種標準を制定することを通じて市場（競争）環境を定め企業や業界を間接的に誘導する，という形態をめざしているようにも思われる。まだ結論を出すには早いが，もしこの判断が妥当だとすれば，物流業界団体の機能は他の業界に先行して進化することになりそうだ。

　中国の都市化は，向こう20年程度は続くことが予想される。そして，本章でみてきたように，都市化は物流業のさらなる発展とともにその変容をもたらす。逆に，物流業の発展が都市に与える影響力も確実に拡大していくことが予想される。こうした「都市化と産業発展の相互作用」を注視していくことは，都市化の今後を考えるうえで欠かせないテーマであり続けるだろう。

〔注〕
(1) 苦情のうち，郵政局側に責任があると認められるものを指す。
(2) http://www.ce.cn/cysc/itys/zhwl/201302/19/t20130219_21427266.shtml
(3) 国家人的資源（中国語：人力資源）・社会保障部が認定する職業資格。2006年から全国統一の認定試験を実施している。
(4) 北京市物流協会でのヒアリング（2013年11月5日），上海市物流協会でのヒアリング（同11月11日）による。
(5) 2013年3月に改組され，行政部門は中国鉄道局として国家発展改革委と交通運輸部に編入。企業部門は中国鉄道総公司として再編された。ただし，本稿執筆時点では，まだその具体的内容が明らかとなっていない。
(6) 18都市は，連雲港，青島，北京，上海，広州，深圳，寧波，長春，南京，福州，アモイ，瀋陽，済南，錦州，大連など（http://www.chinawuliu.com.cn/zixun/200808/15/94740.shtml）。
(7) 何黎明（現会長）は元・国内貿易部人事局副局長，崔忠付（副会長）は元・国家発展改革委経済運行局研究員，周林燕（同）は元・国内貿易部弁公庁副主任（副局長級）などである。
(8) 十大産業は，自動車，鉄鋼，繊維，設備製造，造船，電子情報，軽工業，石油化学，非鉄金属，物流，の10産業。
(9) 「5カ年計画」は第11次から全国版，地方版とも「5年規画」（中国語）と

⑽　http://fgw.sh.gov.cn/main?main_colid=498&top_id=398
⑾　http://gkml.hubei.gov.cn/auto5473/201112/t20111209_160488.html
⑿　画期となった2011年をみると，湖北省への外国直接投資は46.5億ドル（対前年比14.9％増）で，特に日本からの投資は前年比約3倍の4.9億ドルにのぼった。
⒀　北京市政府が出資する大型国有企業。1999年に設立され，直轄企業20，出資企業8を擁する。
⒁　同協会でのヒヤリング（2013年11月5日）による。
⒂　同協会副秘書長へのインタビュー（2013年11月11日）による。
⒃　2006年全国人民代表大会で胡錦涛総書記が上海代表団の会議に参加した際，上海市が全国に先駆けて実現すべきだと発言した4つの事項を指す。具体的には，①経済発展方式の転換，②自主創新能力の向上，③改革開放の推進，④社会主義調和社会の建設。
⒄　百聯集団は，上海市第一百貨集団，華聯集団，友誼集団，物資集団が2003年に統合されて発足した巨大商業貿易グループ。統合時点での資本金10億元。
⒅　注15に同じ。ただし，具体内容について筆者は確認できていない。
⒆　北京物資学院でのヒヤリング（2013年11月6日）による。
⒇　国土交通省，経済産業省など物流業を所管する官庁が一体となって物流政策を推進するために定期的に制定されている政策ガイドライン。現行のものは2013～17年を対象としている。
(21)　http://www.gov.cn/zwgk/2009-03/13/content_1259194.htm
(22)　Vendor Managed Inventory，ベンダー管理在庫方式。メーカーや卸売業者が小売業者に代わって店頭の在庫を管理するサービス。
(23)　Just In Time，必要なときに，必要なものを，必要なだけ調達し，無駄な在庫をもたない方式。
(24)　Radio Frequency Identification，移動体が一定地点を通過した時点で，移動体と固体設備との間で，電波等によるデータ伝送が行われ，移動体の認識や移動体に対するデータの書き換えなどが自動的に行われるシステム。
(25)　http://www.shanghai.gov.cn/shanghai/node2314/node2319/node10800/node11407/node22592/u26ai19225.html
(26)　沿海地域＝東部に比べて開発が著しく遅れている内陸部＝西部を資金の優先的配分や政策優遇によって底上げしようとする発展戦略。2000年頃から公式に提起され，第10次以降の各5カ年計画に盛り込まれている。

〔参考文献〕

<日本語文献>

大西康雄 2008.「物流業の発展——広域化と高度化への挑戦——」今井健一・丁可編『中国産業高度化の潮流』アジア経済研究所.

――― 2013.「国家発展改革委員会と産業政策——物流政策をケースとして——」佐々木智弘編『中国・国家発展改革委員会の権力構造』アジア経済研究所.

黄娟 2011.「市場経済化と中国の業界団体——国家コーポラティズム体制下の模索——」筑波大学博士（政治学）学位請求論文.

田中信彦 2013.「日本の宅配を中国勢が猛追中」『週刊東洋経済』9月28日号.

田中道雄・鄭杭生・栗田真樹・李強編著 2005.『現代中国の流通と社会』ミネルヴァ書房.

中村光男 2005.「求められる広域化と高パフォーマンス——物流業——」日本経済研究センター編『中国ビジネスこれから10年』日本経済新聞社.

文涛 2012.「2011年の物流産業動向」『中国経済』5月.

松田宏編 2005.『現代中国の流通』同文舘出版.

李瑞雪 2014.『中国物流産業論——高度化の奇跡とメカニズム——』.

流通経済大学流通問題研究所 1995.『中国現代物流研究』流通経済大学出版会.

<中国語文献>

北京市商務委員会編 2013.『北京物流発展藍皮書』北京 北京財富出版社.

高鉄生・郭冬楽主編 2004.『中国流通産業発展報告2000-2003』北京 中国社会科学出版社

馬伊里主編 2012.『上海行業協会改革的発展実録』上海 華東理工大学出版社.

汪鳴・馮浩 2002.『我国物流業発展政策研究』北京 中国計画出版社

許放編著 2012.『中国行政改革概論』北京：冶金工業出版社.

張声書・佐伯弘治主編 1998.『中国現代物流研究』北京 中国物資出版社

中国物流与採購聯合会・中国物流学会編 2001～.『中国物流発展報告』北京 中国物資出版社

中国物流与採購聯合会 2002.『中国物流年鑑2002』北京 中国物資出版社.

――― 2011.『中国物流年鑑2011』北京 中国物資出版社.

――― 2013.『中国物流年鑑2013』北京 中国財冨出版社.

――― 各年.『中国物流年鑑（各年版）』北京 中国物資出版社.

中華人民共和国国家発展改革委員会経済運行局・南開大学現代物流研究中心編 2002-.『中国現代物流発展報告』北京 機械工業出版社.

中華人民共和国国家統計局編 各年.『中国統計年鑑（各年版)』北京 中国統計出版社.

中華人民共和国国務院弁公庁秘書局，中央機構編制委員会弁公室総合司 1995.『中央政府組織機構』北京 中国発展出版社.

―――― 1998.『中央政府組織機構』北京 改革出版社.

第 6 章

都市，リスク，軍隊
――リスク社会における中国人民解放軍の役割拡大――

林　載桓

はじめに

　冷戦の終焉，さらに2001年のアメリカ同時多発テロ事件の発生は，各国社会を取り巻く安全保障環境を一変させた。大国間の武力紛争や核戦争の脅威に代わり，国際テロや大量破壊兵器の拡散が安全保障上の最大の脅威となり，加えて，自然災害，環境破壊，エイズやSARS等の感染症の蔓延，放射能汚染などを含む広範囲なものが市民生活におけるリスクとして新たな注目を集めるようになった。

　こうした環境変化のひとつの帰結として，軍事組織の役割が多様化し，軍事組織と一般社会との関係が大きく変容していることが指摘されている（Moskos, Williams, and Segal 2000）。軍隊の任務は，国土防衛や同盟国支援などの伝統的な業務から，PKO活動や人道・復興支援，災害派遣といった非戦闘業務へと拡大しており，結果として，軍事組織の規模や構造，そして民間領域との関係に重大な変化が起こりつつある，という主張である。

　本章の第1の課題は，安全保障環境の変化とその軍事組織への影響を，中国人民解放軍（以下，解放軍）の事例をもって検討することである。1980年代初頭以降，中国共産党は軍の近代化を改革政策のひとつの軸として位置づけ，なかでも組織変革には常に特別な注意を向けてきた（Shambaugh 2002;

Blasko 2012)。しかし，上記した国際安全保障環境の変化，さらに注目すべきは，急速な市場経済化と都市化がもたらした国内社会のリスク増大にともない，解放軍の役割と社会との関係に近年新たな要素が加えられつつある。本章では，そうした現状を正確に把握することを第一義的課題とするが，なかでも，特有のダイナミズムを示しつつ進行する都市化の含意について特別の注意を払うことにしたい。

ただし，軍隊の変化に関する最新の議論を中国にあてはめ，単にその妥当性を確認することに主眼があるわけではない。中国における軍隊の役割，そして軍隊と社会の関係には，中国独自の政治体制や歴史的経験に起因する特色が存在し，それらの要素の影響を無視することはできない。そこで本章は，国内外の環境変化のなかで，解放軍と社会にかかわる従来の問題がいかなる変容を示しているかを明らかにすることで，現状への理解を深めることを試みる。

本章の議論を通じて，次の点が明らかになることが予想される。ひとつは，軍事組織の変容に関する最近の議論が，冷戦後の解放軍の変化を概観するうえで一定の有効性をもっているという点である。もうひとつは，解放軍の近年の任務多様化は，経済成長と都市化にともなって増大した社会不安（social unrest）への対応を主たるねらいとしているという点である。とくに後者は，解放軍の役割多様化の国際的動機を強調する従来の論議（防衛省防衛研究所 2011; Watson 2009）を改め，国内秩序維持への解放軍の関与が新しい論理と様相を帯びて展開されつつある現状への注意を喚起するものである。

本章は次のように構成されている。第1節では，冷戦後の軍事組織の役割と軍隊－社会関係の変容を捕捉する既存の議論を整理する。第2節では，そうした理論的観点に依拠しながら近年の解放軍の役割，および解放軍と社会の関係にみられる変化を概観する。そのうえで，第3節では解放軍をめぐる独自の問題を，都市化の進行による社会管理体制の変容を中心に検討する。最後に，軍隊改革の展望と課題について述べる。

第1節　冷戦後の軍隊と社会——概観——

　冷戦終結後，各国社会を取り巻く安全保障環境が変化し，結果として軍事組織の役割，および軍隊と一般社会の関係に変化が現れている，という指摘がなされている。ここでは，1990年代前半に提唱された「ポストモダン軍隊論」を手がかりに，そうした変容を概観してみる。
　ポストモダン軍隊論の基本的な論点は，近代国民国家の形成とともに発達してきた徴兵制を基礎とする大衆軍隊，すなわち「近代タイプ」の軍隊が，全志願制に特徴付けられる過渡期の「後期近代タイプ」を経て，冷戦後の国連平和維持活動（PKO）や人道支援といった新しい任務を主とする「ポストモダンタイプ」の軍隊へと変化している，というものである（河野 2007, 54）。
　こうした変化を促している要因として，脅威認識の変化が挙げられる。近代の総力戦の時代には「敵の侵略」が，後期近代には「核戦争」が，それぞれ安全保障上の脅威として認識されていた。しかしながら，ポスト近代期の脅威は民族紛争やテロといった国内の非軍事的脅威であって，大規模な国家間の武力紛争は主要な脅威として認識されなくなってきた。「非国家主体」による「非対称脅威」が現代社会の主たる脅威となったのである。
　その結果，軍事組織は，総力戦に備えた大規模な大衆軍隊から小規模な専門職軍隊へと変貌し，軍隊の任務は，国内の「非対称脅威」への対応，または国民国家の枠を超えて行われる国際的な任務へとその重点を移してきた。それと並行して，軍人政治家（外交家）および軍人学者が，従来の戦闘指揮官や組織管理者に取って代わり，支配的な軍人タイプとして浮上しつつある。
　安全保障環境の変化は，軍隊と社会の関係にも影響を及ぼす。この点で特徴的なのは，両者間の相互浸透性の増大である。国内の新たな脅威に対応すべく，軍隊は社会との協力を強め，他方で，軍隊の中の民間部門はますますその領域を広げている。関連して，1990年代初頭以来の「軍事革命（RMA）」は，戦士と非戦士，および軍種間の区別を相対化し，軍隊と社会の間隙を狭

めている (Bacevich 1997)。こうした軍隊と社会の「融合」は，軍隊と市場，軍隊と政府部門との新たな結びつきを生み出し，両者を区切る境界はますます希薄化している (Moskos, Williams, and Segal 2000)。

　これらの特徴をまとめたのが表6-1である。概していえば，ポストモダン軍隊論は冷戦終結後，軍隊の任務をはじめ，軍隊と社会の相互作用にかかわるさまざまな側面に生じている変化を包括的にとらえているという点で，一定の意義を認めることができる。ただし，こうした「ポストモダン軍隊」の出現は，あくまで欧米の先進民主主義諸国に観察される現象であり，またそれらの国々に上記したすべての特徴が表れているわけではない。それぞれの地域・国家を取り巻く安全保障環境の変化が一様でないからである[1]。

　さらに，この議論では，軍隊の政治的機能，すなわち国家の構成要素として軍隊のもつ性質に十分な注意を払っていない。安全保障環境の変化を解釈し，脅威を再定義することで，軍隊の役割と任務を規定するのは，国家——民主主義政体であれば文民政府——の意思である。したがって，新たな安全保障環境の下，軍隊の役割と社会との関係にどのような変化が起こってきたかを正確に把握するには，軍隊にかかるこうした政治的意志の作用を看過することはできない。そこで，次節では，解放軍を事例に，ポストモダン軍隊論の妥当性を検証し，またこうした議論を土台に，解放軍の特色を明確にしておくことにしたい。

表6-1　冷戦後の軍隊と社会

変数	近代（総力戦期）	後期近代（冷戦期）	ポスト近代（冷戦後）
脅威認識	敵の侵略	核戦争	国内的
軍隊組織の構造	大衆軍隊（徴兵制）	大規模専門職軍隊	小規模専門職軍隊
主要任務	国土防衛	同盟国支援	新しい任務
支配的な軍人タイプ	戦闘指揮官	管理者・技術者	軍人政治家・軍人学者
軍隊への国民の態度	支持	両面的	無関心
文民の雇用人	少数	相当数	多数

（出所）　Moskos, Williams, Segal (2000, 15)。

第2節　冷戦後の中国の軍隊と社会
　　――社会からの離脱？――

　冷戦終結後の安全保障環境の変化は，中国における軍隊の役割，および軍隊と社会の関係にも重大な影響を与えてきた。本節では，前節の議論をふまえて，1990年代の中国の状況について概観する。

　その際，まず前提としておくべきは，共産党の軍隊としての解放軍の政治的特質である。これは，次のふたつのことを意味している。第1に，解放軍の第1の存在意義は共産党の生存，正確には共産党支配体制の存続にあることである。第2に，共産党と解放軍の間には「党の軍隊に対する絶対領導」の原則に集約される厳格な支配‐服従関係が存在していることである。言い換えれば，解放軍は，プリンシパルたる共産党の委任した権限に基づき，共産党の指示命令を執行するエージェントにすぎない。環境の変化を解釈し，現状の方向性を判断するのは，あくまで共産党，具体的には共産党指導部なのである[2]。

　では，こうした解放軍の政治性を前提に，1990年代の解放軍の役割，および社会との関係を眺めると，そこにはどのような特徴がみられるのか。端的にいえば，この時期は，対外防衛の任務に専念する軍隊への改造がめざされ，またそれと連動して，軍隊と社会の間に明示的な境界線を画そうとする努力がなされた時期として特徴付けることができる。前節の枠組みに依拠していえば，1990年代の解放軍は，前の時期より始まった「軍の近代化」をさらに進め，徐々に後期近代の特色を帯びる軍隊へと変貌していったといえよう。

　ところで，解放軍の主要任務が対外防衛におかれていたのは，冷戦終結後，共産党の脅威認識にそれほど大きな変化が起きなかったことを意味する。事実，共産党指導部の脅威認識は，1980年代初めを転機に大きく変化し，結果として軍近代化の焦点は，正規化を含む組織改革に当てられることになる（Godwin 1996）。具体的には，旧ソ連を敵とする「早期で大規模な核戦争」の可能性が希薄化し，代わりに，周辺部における局地・限定戦争が備えるべき

戦争の形となった。こうした認識変化を反映した新しい軍事ドクトリンは，冷戦終結後も基本的に継承されることになる[3]。1990年代に発生した湾岸戦争，そして台湾海峡危機は，対外防衛を主たる任務に近代化に勤しむ解放軍の試みに新たな現実性をもたせることになった。

他方，1990年代には，軍隊と社会の境界を明確にしようとする動きが表面化し，それは総じて軍隊と社会の分離を促す方向で進行した。その具体的な様相は，次の3つの領域で確認することができる。

第1に，軍隊・市場関係の再調整である。なかでも重要なのが，解放軍の企業活動の禁止である。1980年代初頭に国防費支出の節減を名分に容認された解放軍の企業活動は，1990年代初め以来，さまざまな問題を呈するようになった。当初，軍隊の商業活動の禁止をめぐっては，軍内外にさまざまな抵抗をもたらしたが，政策推進に当たり，共産党指導部が最大の政策動機として掲げたのは，軍隊と社会の癒着の可能性，具体的には，脱税と腐敗の蔓延である（江 2003）。この措置をもって，軍隊が市場の領域で独自の社会的基盤をもつことが明確に否定された。

軍隊と社会の間の境界線引きの第2の動きは，いわゆる「軍事法制」の進展である。1990年代を通じて急速に増加した軍事関連の法律規定について，従来の研究は，主として「依法治軍」，すなわち法律に依拠した軍隊統制の強化を意図したものと解釈してきた（たとえば，Bickford 2000）。しかし，その内実は，むしろ社会における軍人地位の保障，および軍財産の所有権の確立などを通じた軍民関係の調整に重点をおくものであった（叢 2012; 防衛省防衛研究所 2012）。

第3に，暗示的ながら，軍隊の国内治安活動への関与を制限しようとする措置がとられた。まず，制度的には，1996年の「戒厳法」が象徴的である。そこでは，戒厳令の執行主体は公安と武装警察であることが明記され，通常の警察力による対処ができない場合にのみ解放軍の配置を容認し，しかも解放軍の活動は「協助（xiezhu）」を主とするものであることを明確にしている（第8条）[4]。また，戒厳令の発動と指揮，および解除の権限は，省以下のレ

ベルでは各級政府，全国レベルでは全国人民代表大会（全人代）常務委員会にそれぞれ委ねられている（第10条）。ここでは，少なくとも戒厳状態が軍部統治あるいは軍事管制を意味しないことは明らかである（Scobell 2003）。

　国内治安維持の活動から解放軍を遠ざけようとする願望は，武装警察の権限と能力強化に反映されている。1997年に発布された国防法は，武装警察に「社会の安定と秩序を維持する」任務を課し，解放軍の関与については，「関連法律に基づき，秩序維持に協力することが可能である」と，戒厳法の規定を踏襲している（第22条）。なお，権限の効率的行使のために，1990年代を通じて，武装警察部隊の規模，予算，装備の各方面において著しい改善がみられた（Tanner 2002）。

　では，なぜ，解放軍と社会の関係にこれらの変更が加えられたのだろうか。それはひとつに，国内治安維持をはじめとする政治的任務の負担を軽減することで，対外防衛の業務に専念できる制度的，社会経済的条件をつくり上げるという意図によるものである。

　もうひとつの理由は，1989年の天安門事件である。多くの解放軍研究者が指摘しているように，天安門事件における解放軍の武力行使は，「人民の軍隊」としての解放軍のアイデンティティに深刻な疑念を生じさせた（Blasko 2006）。軍隊に対する大衆の不信は，解放軍のみならず，共産党の観点からも決して望ましい状況ではない。そこで，軍隊と社会間に距離をつくり，不必要な摩擦や衝突が起こる可能性を排除しようとしたものと理解できる。もちろん，事件当時の解放軍内部の動揺を考慮すれば，共産党指導部にとって解放軍以外の有効な政策的手段を講じる必要があったことも重要であろう。

　このように，冷戦終結後の1990年代は，解放軍にとって近代化をきわめ，専門的軍隊へと進化していった時期であり，それと関連しつつ，社会との距離がおかれた時期でもあった。しかしこれはあくまで共産党の政策意図であり，その結果，実際に解放軍の役割設定，および解放軍と社会関係の調整が期待とおりの成果をもたらしたかは別の問題である。その点で，2000年代以降の変化は，共産党と解放軍に難しい挑戦を突きつけているということがで

きる。

第3節　社会のリスク増大と人民解放軍
　　　──役割多様化と社会への再関与──

　本節では，2000年代以降の解放軍の役割の変化，および社会との関係について検討する。要約すれば，この時期は，1990年代において推進された政策の方向性をまるで逆転させるような形で，解放軍の役割の多様化，そして社会への関与の強化が観察されている。その背後にあるのは，中国の急速な経済的な台頭とともに，都市化に伴う社会的リスクの増大である。

1．「新しい歴史的使命」

　2000年代における解放軍の役割規定として注目されるのが，中央軍事委員会の主席に就いた胡錦濤が2004年12月に公表した「新世紀新階段の新しい歴史的使命」である（胡 2004）。通常「3つの提供，ひとつの発揮」と括られる解放軍の新しい使命のなかで，胡錦濤が第1に挙げているのは，「共産党の執政地位を固めるために重要な力の提供」である。すでに述べたように，共産党政権の存続は解放軍の根源的任務であるわけだが，ここにおいてそれが再確認されていることの意味は軽くない。それは，第2の使命たる「国家発展を守るための強固な安全保障の提供」と関連して，国内政治社会の安定が最重要課題として認識されていることを示唆する。翌年末の中央軍事委員会拡大会議において，胡錦濤は中国の直面している安全保障環境の変化を次のように説明している。

　「現段階で，我が国の社会の矛盾は増加している。国内外の敵対勢力は，こうした矛盾と問題を利用し，混乱を起こしている。外部との関係が拡大，深化するにしたがって，国内の安全と国際の安全との相互作用が増加してい

る。うまく管理されなければ，国内の問題は国際化され拡大し，国際の問題は国内にもち込まれ新たな社会不安定をもたらすだろう。われわれはこうした安全保障環境の新たな性格を明確に理解しなければならない」(総政治部 2006)。

つまり，国内安定に対する脅威として，国内外の社会集団を含む非国家主体，または自然災害といった非伝統的脅威が登場し，これは共産党指導部にとって新しい状況である。とりわけ前者による社会不安は，1990年代後半以降，急速に増大し，またその様相を変えてきた。とりわけ重要なのが集団抗争事件である。こうした新たな歴史的使命への解放軍内部の解釈において，国内安定の問題への共鳴は明確である。複雑な社会問題が国家発展を阻害する最大の要因として指摘されている（Fravel 2011）(表6-2)。

また，このとき胡錦濤が言及したのが「発展利益」である。「中国の武装力は，国家の生存利益のみならず，国家の発展利益を守ることに関心をもたなければならない」としたうえで，胡錦濤は，解放軍と武装警察を新しい歴史的使命にリンクさせている。共産党の3つの偉大な任務，すなわち，経済

表6-2 国内「突発事態」と部隊配置

(単位：人)

年度	事件	解放軍・武装警察	予備軍・民兵
1998	揚子江，松花江，嫩江流域の大洪水	300,000	5,000,000
2002	山西，福建等19省の洪水	20,000	170
2003	江西，湖南，山西での淮河氾濫	48,000	410,000
2008	南方での氷雪	224,000	1,036,000
2008	四川大地震	146,000	75,000
2008	北京五輪安保	131,000	NA
2008	ラサ騒乱	12,000	NA
2010	青海地震	16,000	NA
2010	甘粛省舟曲土石流災害	7,600	NA

(出所) 劉鈞軍・蔡鵬程 (2010)，中国国防白書 (2010)，肖天亮 (2009)，Tanner (2009)。

近代化の継続,国家統一の完遂,世界平和を守ることの重要性を訴えている (Mulvenon 2009)。

2. 経済成長と都市化

序章で指摘しているように,中国の都市化過程にみられるひとつの重要な特徴は,人口の自然集中と必ずしも連動しない都市の拡大,すなわち人為的な人口移動や行政区域の再編を通じた,政治主導による都市の拡大にある。こうした特徴をもつ都市化の進行は,通常,流動人口の常住化や,都市・農村合併の拡大などにより,社会における利益衝突のリスクを高めるものであり (Friedman 2005),現に中国においても,都市部の秩序維持に新たな問題と課題を生じさせている。

とくに注目を集めているのが,いわゆる突発事件の発生である。この問題への対策は法律制定・実施の手段により行われている。たとえば,突発事件対応法は,2003年の重症急性呼吸器症候群 (SARS) 蔓延への対応の不備に対する反省から制定された法律である。突発事件とは自然災害,災害事故,公衆衛生事件,社会安全事件の4つを指す。同法律はこうした災害,事故,事件に対して,国家が統一的に指導し各部門を調整する緊急管理体制をつくることを目的として制定された。

しかし,突発事件対応法には解放軍に関する規定が少ない。こうした問題は,全人代の解放軍代表にも認識されており,より明確な規定を求める声が上がっている。具体的には,①突発事件の処理活動に軍隊が参加することに関する条項を増やす,②軍隊が突発事件の処理活動に参加することを保証する条項を増やす,③軍隊が突発事件の処理活動に参加する調整メカニズムに関する条項を増やす,という議案が提出されている(防衛省防衛研究所 2012)。

そこで,解放軍の側の対応を中心に制定されたのが国防動員法である。国防動員法は,戦時もしくは緊急時において,軍事・経済・社会・交通などの

動員を迅速かつスムーズに行うことを目的とする法律である。国防動員法はその制定過程で，非伝統的安全保障問題への対応も視野に入れたものとなっている。たとえば，全人代の解放軍代表からは，四川大地震のような大規模災害は国家の安全に対する脅威であり，それに対して解放軍と政府部門との政策調整を律する明確な法律と規定の作成が要求された（田 2007）。こうした議論の結果，国防動員法には草案にはなかった，突発事件に対する緊急システムとのかかわりを明記した規定が加えられている（第3条および第16条）。

3．転機としての2008年——ラサ事件とその影響——

　一方，国内治安維持における解放軍の役割への再検討を促したものとして，2008年に起きたラサ事件を挙げることができる。この事件でのいわば「作戦の失敗」は，1990年代以来，共産党が注意を向けてつくり上げてきた，公安や武装警察等の非軍事組織による国内の治安維持体制が問題を抱えていること，また，その背後にある社会運動の新たな動態を示すものであった（Cody 2008; *The Economist* 2008）。なお，この事件は，解放軍が国内治安維持に動員される具体的な状況についていくつかの示唆を与えてくれる。

　まず注目すべきは，地方での集団抗議事件が近年急速に増加していることである（図1）。また，その新たな様相について，最近の研究は，集団抗議事件が，都市の拡張地点，すなわち都市と農村の境界地点で発生の比率が高くなるとの結果を報告している。それには3つの理由がある。第1は，その地帯での土地問題への不満の度合いが飛び抜けて強いからである。第2は，都市からの近接性である。すなわち，都市からの外部資源の動員可能性である。具体的には，強い連帯と弱い連帯の両方を動員可能にするからである。第3には，当然ではあるが，地方政府の対応能力が大都市に比べて顕著に劣ることが挙げられる（Kuang and Gobel 2013）。

　こうした集団抗議事件の量的増大，およびその発生形態の変化が，国内の治安維持体制に注意を喚起していることは確かである（図6-1）。そもそも解

図6-1　解放軍報の中の「維穏」（国内社会の安定）

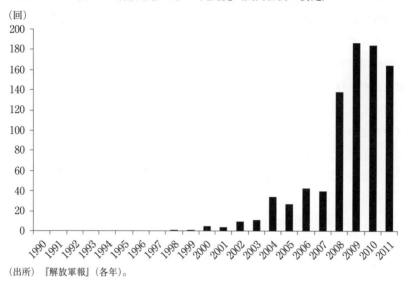

(出所)『解放軍報』(各年)。

図6-2　解放軍報の中の「非戦争軍事行動」

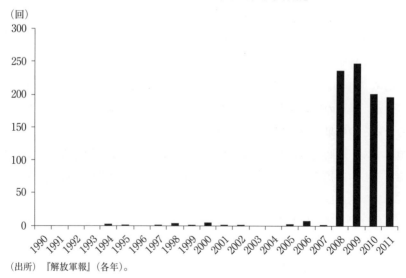

(出所)『解放軍報』(各年)。

放軍についていえば、武装警察との役割分担により、国内治安業務への関与が制度的に規定されている。たとえば、2009年に制定された武装警察法は、国内治安維持を主務とする武装警察の指揮命令系統や他機関との調整に関する明確な記述を欠いている。ただ、当該法律の草案には「県級単位における軍令権と軍政権の分離」のため、執行上の政策協調の必要性はさらに増大する。すなわち、国防建設事業の領導と管理は国務院が、全国武装力量の領導は中央軍事委員会がそれぞれ担当するように規定されているため、その間の調整の問題はさらに深刻である（王・蘇 2006）。

もちろん、軍隊内部の事柄は国家行政機関の法執行の範囲に属さない。だが、軍隊は職能的活動を行うこと以外に、各種の必要な民事、経済、文化等の方面の国家行政機関の行政活動、すなわち環境管理、交通管理、郵政管理、都市計画管理、工商管理、税収管理、金融管理、不動産管理、衛生管理、文化管理、治安管理、民政管理等の行政執行対象は、そのなかに軍部隊と人員を含まざるを得なくなる。その場合、ふたつの問題が提起される。ひとつは、国家行政機関は、どのような事柄において部隊に対する法執行を行うことになるのか、つまり、国家行政機関の軍単位・人員に対する法執行はどのように実施されるのかという問題であり、もうひとつは国家行政機関の軍事主体に対する法執行の根拠の所在に還元されるのかという問題である（王・李 2011）。

たとえば、国防法の基礎の上では、軍と地方政府が共同で相互への法執行のための管轄機構と手続きを協議、確立する必要が存在する（夏 2011）。このように、軍と地方政府の間に法律執行に当たっての協議の範囲は非常に広く、よって研究対象の数も非常に多様であり、多くの研究課題が存在する。

4．社会管理体制の変容

近年、社会管理の革新と強化が強調され、新たな「社会管理体制」の構築に向けたさまざまな実験が行われている。そこで、「党委員会の領導、政府

の責任，社会の協調，大衆の参加」という社会管理の新しい枠組みが提示され，併せて，解放軍に対しても「軍民協力は軍隊の優良な伝統であり，時代の要求に着眼し，積極的に社会管理に参加し，調和社会の建設に貢献しなければならない」ことが，新しい状況下での職務遂行の内在的要求とされている（図6-2; 劉 2011）。

そもそも社会管理は，人民大衆と社会団体の参加から切り離すことはできない。大衆と社会団体を広範囲に動員かつ組織し，社会管理に関与させることで，政府の統治コストを軽減することができるからである。「党委員会の領導，政府の責任，社会の協調，大衆の参加」という社会管理のフレームワークのなかで，軍隊は社会の構成要素として参加することになっている（劉 2011, 20）。

しかし，軍隊が社会の構成要素であると同時に，政治任務を執行する強制機構でもあることは，社会管理への軍隊の関与にいくつかの条件を課すことになる。すなわち，各種の社会問題と矛盾に関しては，人民大衆と利益を争わないとの原則を貫徹し，法律規定を違反せず，争点にならないことを原則とする。なお，社会管理の強化と革新の重点は基層にあり，難点もまた基層にある。軍隊は基層における自らの組織の力量を発揮し，基層政権の強化に貢献すべきことが強調されている（巴編 2012; 胡・陳 2011）。

社会秩序維持への協調は，憲法と国防法において，軍隊の重要な職能任務である。軍隊はその厳密な組織性，規律性および強大な行動力に依拠し，社会秩序維持の強い後ろ盾と物理力を提供し，社会経済発展と国家安全において重要な役割を遂行する（尚 2012）。

おわりに

　以上のことから，現に解放軍は，国内外にまたがる，ますます広範で複雑な任務の遂行を求められている。その背後には，一方で，国際的安全保障環境の変化と利益の拡散があり，他方で，市場経済化による社会の多元化と利益の衝突がある。本章では，とりわけ後者の側面に焦点を合わせ，近年の解放軍の役割の多様化の動向をとらえようと試みた。

　市場経済化，およびそれと連動した都市化の進行は，社会安定の達成に新たな課題を突きつけている。もっとも，それらの課題を解放軍がすべて引き受けているわけではない。すでに論じたように，少なくとも天安門事件以来，共産党は国内治安維持の任務に対する解放軍の関与を軽減する努力をしてきたし，解放軍自身，対外防衛任務に特化した組織改革を行ってきた。とはいえ，とりわけ2000年代以降の社会不安の増大，なかんずく集団抗争事件の頻度と規模の爆発的増大は，既存の国家強制機構の対応能力に疑念を抱かせるものであった。結果として，国内治安維持における解放軍の新たな関与が，一方では「非戦闘業務」の拡大を通じて，他方では「社会管理体制」強化の文脈のなかで[5]，改めて注目を浴びている。

　もっとも，国内治安維持における解放軍の役割は，依然としてあいまいな状態にある。たとえば，上記した突発事件対応法にみられるように，国内有事の際の解放軍の役割は明確な規定を欠いている。もちろんこのことは，解放軍の国内的動員に共産党がなお慎重な姿勢を崩していないことを示唆している。またこうした姿勢は，近年増大しつつある武装警察への予算配分にも明確に表れている。

　しかしこのことは，解放軍の国内任務への参加に今後明示的な制限が課されることを保証するものではない。何より，共産党の支配的地位の保全が解放軍の最大の存在意義となっている以上，解放軍の任務は依然として状況依存的である。利益衝突に起因する集団行動が，市場経済化の深化および都市

化の進展により，今後ますます組織化と大規模化の傾向を強めていく可能性を考えれば，現実として解放軍が治安維持活動によりいっそうコミットしてくることもあり得る。もちろんそれは，中国市民にも，解放軍にも，さらに共産党にとっても，必ずしも望ましい事態ではないはずである。

〔注〕
(1) 先進工業国のなかの例外としては，イスラエルとスイスがある。
(2) この意味で，従来中国の政軍関係をとらえる概念として使われてきた「共生（symbiosis）」という言葉はややミスリーディングである。
(3) 1980年代初頭の対外政策の転換については，岡部（2001），益尾（2008）を参照。なお，それを受けた軍事ドクトリンの転換については，Godwin（1987）を参照。
(4) 具体的には，「必要な場合，国務院は中央軍事委員会に対し，解放軍の戒厳執行への協力を要請できる」（第8条）と規定している。
(5) この点に関連して，一部の論考では，習近平政権への移行後，社会政策の中心は「管理」から「治理」へと変わったという指摘もある（及川 2014）。

〔参考文献〕

＜日本語文献＞
及川淳子 2014.「習近平政権下の社会変動――『維穏体制』をめぐる諸問題――」『国際問題』(631) 32-41.
岡部達味 2008.『中国の対外戦略』東京大学出版会.
河野仁 2007.「ポストモダン軍隊論の射程：リスク社会における自衛隊の役割拡大」村井友秀・真山全編『安全保障学のフロンティア：リスク社会の危機管理』明石書店.
防衛省防衛研究所編 2011.『中国安全保障レポート2011』.
―――― 2012.『中国安全保障レポート2012』.

＜英語文献＞
Bacevich, Andrew J. 1997. "Tradition Abandoned: America's Military in a New Era." *The National Interest* (48): 16-25.
Bickford, Thomas 2000. "Regularization and the Chinese People's Liberation Army: An

Assessment of Change." *Asian Survey* (3): 456-474.
Blasko, Dennis. 2006. "Servant of Two Masters: The People's Liberation Army, the People, and the Party." in *Chinese Civil-Militry Relations: Transformation of People's Liberation Army.* ed. Nan Li. London: Routelage.
―― 2012. *The Chinese Army Today* (Second Edition). New York: Routledge.
Cody, Edward. 2008. "Backstage Role of China's Army in Tibet Unrest Is a Contrast to 1989." *The Washington Post* (April 13).
Fravel, M. Taylor. 2011. "Economic Growth, Regime Insecurity, and Military Strategy." in *The Nexus of Economics, Security, and International Relations in East Asia.* eds. Avery Goldstein and Edward D. Mansfield. Stanford: Stanford University Press.
Friedmann, John. 2005. *China's Urban Transition*. Minneapolis: the University of Minnesota Press.
Godwin, Paul H. B. 1987. "Changing Concepts of Doctrine, Strategy, and Operations in the Chinese People's Liberation Army, 1978-87." *The China Quarterly* (112): 572-590.
―― 1996. "From Continent to Periphery: PLA Doctrine, Strategy, and Capabilities toward 2000." *The China Quarterly* (146).
Moskos, Charles, John A. Williams, and David Segal. 2000. *The Postmodern Military*. Oxford: Oxford University Press.
Mulvenon, James. 2009. "Chairman Hu and the PLA's 'New Historic Missions'." *China Leadership Monitor* (27): 1-11.
Kuang, Xianwen and Christian Gobel. 2013. "Sustaining Collective Action in Urbanizing China." *The China Quarterly* (216): 850-671.
Scobell, Andrew. 2003. "The Meaning of Martial Law for the PLA and Internal Security in China After Deng." in *A Poverty of Riches*. eds. James C. Mulvenon and Andrew N.D. Yang. Santa Monica: Rand.
Shambaugh, David. 2002. *Modernizing China's Military*. Berkeley, CA: University of California Press.
Tanner, Murray Scot. 2002. "The Institutional Lessons of Disaster: Reorganizing China's People's Armed Police After Tiananmen." in *The People's Liberation Army as Organization.* ed. James Mulvenon. Washington D.C.: Rand Corporation.
―― 2009. "How China Manage Internal Security Challenges and Its Impact on PLA Missions." in *Beyond the Straits.* eds. Roy Kamphausen, David Lai, and Andrew Scobell. Carlisle: PA: Strategic Studies Institute, Army War College.
The Economist 2008. "Fears of Contagion from Tibet." March 21.
Watson, Cynthia. 2009. "The Chinese Armed Forces and Non-Traditional Missions: A

Growing Tool of Statecraft." *China Brief* 9(4).

＜中国語文献＞
『解放軍報』各年（CD 版）.
国務院 2010.『中国国防白書』.
巴忠談主編 2012.『社会管理創新与国家安全』北京 時事出版社.
胡錦濤 2004.『认清新世纪新阶段我军的历史使命』(http://mil.fjsen.com/2008-09/17/content_1847041.htm).
胡映衛・陳琦 2011.「対新形勢下軍隊参与社会管理的几点思考」『軍隊政工理論研究』12(2): 32-34.
江沢民 2003.『論国防和軍隊建設』北京 解放軍出版社（内部発行）.
劉沈揚 2011.「軍隊応在加強創新社会管理中積極発揮作用」『国防』(7): 19-21.
劉鈞軍・蔡鵬程 2010.「在遂行多様化軍事任務中成長」『解放軍報』(12月3日).
叢文勝 2012.『国防法律制度』北京: 解放军出版社.
尚守道 2012.「在促進地方経済社会発展中力求有所作為」『国防』(11): 68-69.
田義祥 2007.「軍隊在国家応急管理中的重要作用」『中国応急救援』(2): 4-6.
王健・蘇晓輝 2006.「努力構建和諧社会視野下的軍地関係」『軍隊政工理論研究』7(2): 56-58.
王勝・李想 2011.「加強駐地城市化部隊的管理工作」『政工学刊』(5): 63-64.
夏勇 2011.「軍隊多様化任務帯来的立法新課題」『西安政治学院学報』24(3): 72-76.
肖天亮 2009.『軍事力量的非戦争運用』北京 国防大学出版社.
総政治部 2006.『樹立和落実科学発展観理論学習読本』（内部発行）.

索引

【あ行】

圧力型体制　79, 80, 84
安全保障　153-157, 160, 161, 163, 167
安全保障環境　153-157, 160, 161, 167
維権（権利擁護）　24, 30, 70, 91, 101-103, 105-107, 109, 111, 112, 115, 116
一票否決　62, 79, 83
依法治軍　158
請負（関係）　18, 50, 62, 99, 106
営業権　91, 93-95, 97-104, 108

【か行】

戒厳（法）　158, 159
基層　18, 19, 45-47, 50, 51, 56, 59, 60, 62-65, 77, 78, 81, 83, 166
——政府　45-47, 49, 50, 56, 59, 60, 62-64, 77, 78, 82, 83
脅威認識　155, 157
業界団体　15, 94, 103, 109, 111, 122, 123, 128-131, 133-135, 137-139, 141, 142, 144, 147-149
強制機構　166, 167
行政許可　101-104, 107, 112
業績査定（評価）　28, 41, 78-80, 83-85
軍近代化　157
軍事
——革命　155
——管制　159
——組織　153-155, 163
——ドクトリン　158
——法制　158
軍部統治　159
軍民協力　166
限定戦争　157
憲法　70, 166
公安　94, 106, 108, 113, 158, 163
公共の利益　45, 47, 51-53, 63, 64
胡錦濤　160, 161
国防動員法　162, 163

国防法　159, 165, 166
国民国家　155
国務院　34-37, 74, 93-98, 102-104, 112, 113, 131, 135, 165
国連平和維持活動（PKO）　153, 155
国家社会関係　47
国家所有　7, 8

【さ行】

資源動員論　26
市場経済化　154, 167
四川大地震　163
自然災害　153, 161, 162
社会運動　12, 15, 18, 23-27, 29, 31, 33, 41, 42, 45, 46, 63, 91, 111, 116, 163
社会管理（体制）　14, 154, 165-167
社会工作委員会（社工委）　56, 57, 63
社会組織　4, 14, 15, 18, 19, 121
重症急性呼吸器症候群（SARS）　153, 162
集団経済　7
集団抗争事件（抗議行動）　13, 70, 161, 167
集団行動　70, 110, 167
集団所有　7, 8, 47, 54, 75, 105
習仲勲　35
常住人口　6, 11
所有権　8, 11, 29, 97-101, 103, 106, 158
人道支援　155
ストライキ　90, 91, 100, 103, 107-111, 113-115
正規化　157
政企分離　131, 135, 141, 142, 148
政策アジェンダ　28
政策過程　13, 15, 19, 45-51, 53, 57-63, 91, 112, 113, 116
政策決定者　15, 48-50, 53, 60-62, 64
政策チャンネル　26, 27, 38
政策ブレーン　13, 48-50, 60, 61
政策文書　142, 144, 145, 147, 149
政治参加　15, 16, 26, 45, 46, 50, 64
政治的機会構造　12, 23, 26, 27, 32, 41

全国人民代表大会（全人代）　36, 159, 162, 163
専門職軍隊　155
総力戦　155
ソ連　157

【た行】

大衆軍隊　155
大量破壊兵器　153
台湾海峡危機　158
タクシー業界　15, 19, 89-91, 93-95, 98, 100, 102-105, 107, 109, 113-116
宅配業　126-129, 148
脱物質主義　24, 27, 29, 31
単位　14, 93, 165
治安維持（維穏）　17, 159, 163, 165, 167, 168
地域研究　9
地方政府　5, 8, 11, 12, 16-18, 27, 28, 31-35, 38, 40, 41, 51, 58, 78-85, 90, 93, 94, 113, 114, 122, 123, 131, 135, 139, 144, 146-148, 163, 165
中央行政機関　142, 144
中央軍事委員会　160, 165
中央地方関係　46
中国共産党（共産党）　25, 32, 71, 73, 153, 157-161, 163, 167, 168
中国人民解放軍（解放軍）　17, 153, 154, 156-163, 166-168
陳情（上訪）　16, 17, 45, 51, 54-56, 60, 62, 63, 69-85, 91, 102, 103, 105
出稼ぎ労働者（農民工）　4, 8, 9, 75, 108, 115
テロ　153, 155
天安門事件　159, 167
特大都市　9, 10, 14
都市化　3-19, 23, 24, 27, 29, 41, 45-48, 50, 51, 69, 71-75, 79, 82, 89, 90, 116, 121-127, 129, 140, 142, 148, 149, 154, 160, 162, 167
都市戸籍　6-8
都市政府　135, 137, 148
土地　4, 7, 8, 11, 12, 28, 36, 45, 47, 50, 52, 54, 55, 60, 63, 69, 72, 74, 75, 82, 163
土地譲渡金　28
突発事件　162, 163, 167
突発事件対応法　162, 167
飛び級陳情　17, 69-85

【な行】

農村戸籍　6-8

【は行】

発展利益　161
非戦闘業務　153, 167
非対称脅威　155
非伝統的脅威　161
武装警察　54, 158, 159, 161, 163, 165, 167
武装警察法　165
物権法　53
物流企業　15, 122, 123, 128, 129, 131, 133, 142
物流業　121-126, 128-131, 133-139, 142, 144, 145, 147-149
物流業界団体　122, 123, 128, 129, 131, 133, 137, 148, 149
文化エリート　26, 29, 31, 33, 37
ポストモダン軍隊論　155, 156

【ま行】

民主化　32, 37, 62
民主主義　48, 156
民族紛争　155

【ら行】

ラサ事件　163
利益表出（チャンネル）　15, 26, 27, 38, 45, 64, 90, 101-103, 105, 106, 109, 115, 116
利害調整　13, 17-19, 45-47, 49, 51, 54, 55, 60-63
リスク　17, 64, 70, 99, 100, 153, 154, 160,

162
冷戦（終結） 153-159
歴史的町並み保存運動（保存運動） 12, 18, 23-27, 29-42

【わ行】

湾岸戦争 158

複製許可およびPDF版の提供について

点訳データ，音読データ，拡大写本データなど，視覚障害者のための利用に限り，非営利目的を条件として，本書の内容を複製することを認めます．出版企画編集課転載許可担当に書面でお申し込みください．

〒261-8545　千葉県千葉市美浜区若葉3丁目2番2
日本貿易振興機構 アジア経済研究所
研究支援部出版企画編集課　転載許可担当宛
http://www.ide.go.jp/Japanese/Publish/reproduction.html

また，視覚障害，肢体不自由などを理由として必要とされる方に，本書のPDFファイルを提供します．下記のPDF版申込書（コピー不可）を切りとり，必要事項を記入したうえ，出版企画編集課 販売担当宛ご郵送ください．折り返しPDFファイルを電子メールに添付してお送りします．

ご連絡頂いた個人情報は，アジア経済研究所出版企画編集課（個人情報保護管理者－出版企画編集課長 043-299-9534）が厳重に管理し，本用途以外には使用いたしません．また，ご本人の承諾なく第三者に開示することはありません．

　　　　　　　　　　　アジア経済研究所研究支援部 出版企画編集課長

PDF版の提供を申し込みます．他の用途には利用しません．

天児　慧・任　哲編『中国の都市化――拡張，不安定と管理メカニズム――』　研究双書 No. 619　2015年

住所 〒

氏名：　　　　　　　　　　　　年齢：
職業：
電話番号：
電子メールアドレス：

天児　慧（早稲田大学大学院アジア太平洋研究科教授）

任　哲（アジア経済研究所地域研究センター研究員）

姚　遠（南京大学政府管理学院講師）

鐘　開斌（国家行政学院応急管理教研部准教授）

呉　茂松（慶應義塾大学法学部専任講師）

大西　康雄（アジア経済研究所新領域研究センター上席主任調査研究員）

林　載桓（青山学院大学国際政治経済学部准教授）

——執筆順——

中国の都市化──拡張，不安定と管理メカニズム──　　研究双書No.619

2015年3月12日発行　　　　　　　定価［本体2200円＋税］

編　者　　天児　慧・任　哲

発行所　　アジア経済研究所
　　　　　独立行政法人日本貿易振興機構
　　　　　〒261-8545　千葉県千葉市美浜区若葉3丁目2番2
　　　　　研究支援部　電話　043-299-9735
　　　　　　　　　　　FAX　043-299-9736
　　　　　　　　　　　E-mail syuppan@ide.go.jp
　　　　　　　　　　　http://www.ide.go.jp

印刷所　　日本ハイコム株式会社

Ⓒ独立行政法人日本貿易振興機構アジア経済研究所　2015

落丁・乱丁本はお取り替えいたします　　　無断転載を禁ず

ISBN978-4-258-04619-5

「研究双書」シリーズ

(表示価格は本体価格です)

618	**新興諸国の現金給付政策** アイディア・言説の視点から 宇佐見耕一・牧野久美子編　　近刊	新興諸国等において貧困緩和政策として新たな現金給付政策が重要性を増している。本書では、アイディアや言説の要因に注目して新たな政策の形成過程を分析している。
617	**変容する中国・国家発展改革委員会** 機能と影響に関する実証分析 佐々木智弘編　　近刊	中国で強大な権限を有する国家発展改革委員会。市場経済化とともに変容する機能や影響を制度の分析とケーススタディーを通じて明らかにする。
616	**アジアの生態危機と持続可能性** 大塚健司編　　近刊	アジアの経済成長の周辺に置かれているフィールドの基層から、長期化する生態危機への政策対応と社会対応に関する経験知を束ねていくことにより、「サステイナビリティ論」の新たな地平を切り拓く。
615	**ココア共和国の近代** コートジボワールの結社史と統合的革命 佐藤章著　　近刊	アフリカにはまれな「安定と発展の代名詞」と謳われたこの国が突如として不安定化の道をたどり、内戦にまで至ったのはなぜか。世界最大のココア生産国の1世紀にわたる政治史からこの問いに迫る。本邦初のコートジボワール通史の試み。
614	**「後発性」のポリティクス** 資源・環境政策の形成過程 寺尾忠能編　　近刊	後発の公共政策である資源・環境政策の後発国での形成を「二つの後発性」と捉え、東・東南アジア諸国と先進国を事例に「後発性」が政策形成過程に与える影響を考察する。
613	**国際リユースと発展途上国** 越境する中古品取引 小島道一編　　2014年　286p.　3,600円	中古家電・中古自動車・中古農機・古着などさまざまな中古品が先進国から途上国に輸入され再使用されている。そのフローや担い手、規制のあり方などを検討する。
612	**「ポスト新自由主義期」ラテンアメリカにおける政治参加** 上谷直克編　　2014年　258p.　3,200円	本書は、「ポスト新自由主義期」と呼ばれる現在のラテンアメリカ諸国に焦点を合わせ、そこでの「政治参加」の意義、役割、実態や理由を経験的・実証的に論究する試みである。
611	**東アジアにおける移民労働者の法制度** 送出国と受入国の共通基盤の構築に向けて 山田美和編　　2014年　288p.　3,600円	東アジアがASEANを中心に自由貿易協定で繋がる現在、労働力の需要と供給における相互依存が高まっている。東アジア各国の移民労働者に関する法制度・政策を分析し、経済統合における労働市場のあり方を問う。
610	**途上国からみた「貿易と環境」** 新しいシステム構築への模索 箭内彰子・道田悦代編　　2014年　324p.　4,200円	国際的な環境政策における途上国の重要性が増している。貿易を通じた途上国への環境影響とその視座を検討し、グローバル化のなか実効性のある貿易・環境政策を探る。
609	**国際産業連関分析論** 理論と応用 玉村千治・桑森啓編　　2014年　251p.　3,100円	国際産業連関分析に特化した体系的研究書。アジア国際産業連関表を例に、国際産業連関表の理論的基礎や作成の歴史、作成方法、主要な分析方法を解説するとともに、さまざまな実証分析を行い、その応用可能性を探る。
608	**和解過程下の国家と政治** アフリカ・中東の事例から 佐藤章編　　2013年　302p.　3,700円	紛争勃発後の国々では和解の名のもとにいかなる動態的な政治が展開されているのか。そしてその動態が国家のあり方にどのように作用するのか。綿密な事例研究を通して紛争研究の新たな視座を探究する。
607	**高度経済成長下のベトナム農業・農村の発展** 坂田正三編　　2013年　236p.　2,900円	高度経済成長期を迎え、ベトナムの農村も急速に変容しつつある。しかしそれは工業化にともなう農村経済の衰退という単純な図式ではない。ベトナム農業・農村経済の構造的変化を明らかにする。
606	**ミャンマーとベトナムの移行戦略と経済政策** 久保公二編　　2013年　177p.　2,200円	1980年代末、同時期に経済改革・開放を始めたミャンマーとベトナム。両国の経済発展経路を大きく分けることになった移行戦略を金融、輸入代替・輸出志向工業、農業を例に比較・考察する。